북유럽 자수 노트

아오키 카즈코 지음 | 배혜영 옮김

Nordisk anteckningsbok

innehåll

contents

Nordisk life

Nordic life 북유럽 라이프

page

6-7 오전과 오후의 티타임

8-9 냄비 홀더와 여러 주방 도구

10-11 코스타 보다 유리 공예품

12-13 다양한 흰 그릇

Nordisk natur

Nordic nature 북유럽 자연

page

16-17 봄의 숲

18-19 숲에 피는 꽃

20-21 들판의 꽃

22-23 하지 무렵

24-25 아마 밭

26-27 숲의 과일

28-29 가을 들판

30-31 가을 숲

32-33 크리스마스 무렵

34-35 겨울 하늘

Nordisk anteckningsbok

Nordic notebook 북유럽 노트

Skandinavisk design

Scandinavian design 스칸디나비아 디자인

page	
38-39	Fräglära 컬러 레슨
40-41	Fräglära röd 빨간색
42-43	Fräglära gul 노란색
44-45	Fräglära grön 녹색
46-47	Fräglära blå 파란색

page	
48	Hur man gör How to make 만드는 방법

Nordisk life

Nordic life

BLAGUL
EXCELLENT SWEDISH BEER
5,2%

오전과 오후의 티타임

스웨덴의 티타임 '피카'에는
수다와 커피, 시나몬 롤,
구움 과자가 빠질 수 없어요.

>see p.54-55

*아몬드, 설탕, 달걀을 섞어 만든 과자.
**스웨덴 생강 쿠키.

>see p.56-57

냄비 홀더와
여러 주방 도구

모던한 주방에 코바늘뜨기로
둥글게 뜬 소박한 냄비 홀더가
잘 어울려요.

코스타 보다*
유리 공예품

'유리 왕국'이라고 불리는
스웨덴 스몰란드 남부에는
많은 유리 공방이 있어요.

*스웨덴의 유리 공예품 회사.

>see p.58-59

촛대

다양한
흰 그릇

>see p.60-61

스웨덴과 핀란드의
흰 그릇을 매일 사용해요.

Nordisk natur

Nordic nature

ring - som er langt de vigtigste måder - og ved giftbekæmpelse. Men det er svært at komme rotterne til livs, for de har et meget effektivt modvåben i deres utrolige formeringsevne; de går kun drægtige i tre-fire uger, men sætter seks-syv kuld i
erden om året, og hvert kuld består af seks-tolv
nger. Hannerne kan forplante sig, når de er tre
neder, hunnerne når de er treogenhalv - fem må-
r. I fangenskab nåede afkommet af et enkelt
par op på 862 rotter - fortæller Preben Bang.
Egern - mår; bekkasin - spætte
april. En søborgfrue så forleden et ikke rødt, men brunt egern løbe på Vangedevej med en unge i munden. Da det blev skræmt af nogle pigebørn, sprang det over et stakit ind i en have uden at slippe ungen.
Det havde været sandsynligere om det brune dyr havde været en ilder eller en mår, for rovdyr slæber ofte af sted med deres unger i flaben. Men visse egern er brune på ryggen, og det hænder virkelig også, at gnavere tager deres unger i nakkeskindet, når det gælder; men det hører allenfals ikke til de dagligdags oplevelser.
En søllerødboer er blevet vækket af en lyd, som om en ged brægede lige udenfor vinduerne. Det
87
35 Vintergäck
29

봄의 숲

눈이 녹으면 빗시파(Vitsippa)라고
불리는 아네모네가
잠시 숲속에 핍니다.

>see p.62-63

숲에 피는 꽃

숲속에는 야생 삼색제비꽃,
물망초, 식물학자 린네가
사랑한 린네풀이 핍니다.

>see p.64-65

산꼬마부전나비

사두패모는 '왕 침대의 백합 (Kungsängslilja)'이라고 불려요.

사두패모

암개고사리

들판의 꽃

봄이 끝날 즈음부터 들판에는
형형색색의 꽃이 피기 시작해요.

>see p.66-67

게움
캄파눌라
아미

하지 무렵

스웨덴의 하지 축제 때 세우는 기둥 '메이폴'은
자작나무 잔가지와 들꽃으로 만든 화환으로 장식합니다.

>see p.68-69

아마 밭

>see p.70-71

아마 밭에는 붉은가슴방울새(Linnet)라고 불리는,
아마 열매를 몹시 좋아하는 새가 찾아옵니다.

숲의 과일

북유럽에는
'자연 접근권(Allemansrätten)'이
있어서 모든 사람이 자연의
은혜를 자유롭게 누릴 수 있어요.

여름에 수확해서 보관해 둔
베리류는 겨울 식탁에
여름의 향기를 전해 줘요.

>see p.72-73

링곤베리
블루베리
블랙베리
스웨덴에서는
'곰의 열매(Björnbär)'라고 불려요.
와일드
스트로베리

가을 들판

풀의 씨와 열매는 새들의 맛난 먹이예요.
그래서 가을 들판은 새들로 시끌벅적하답니다.

>see p.74-75

회색머리지빠귀
딜
쥐손이풀
울새

가을 숲

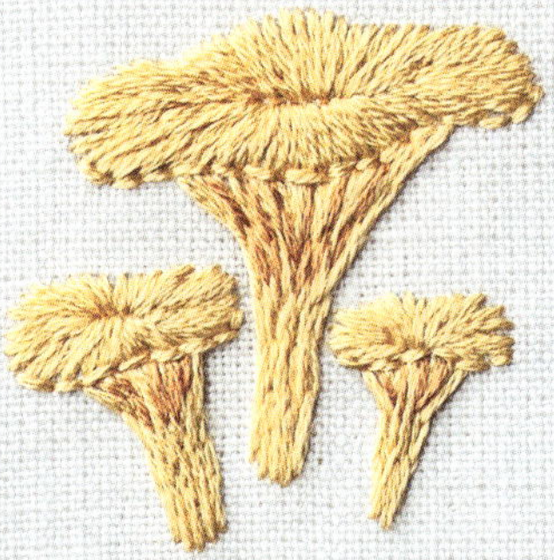

꾀꼬리버섯

광대버섯 ☠

식용 버섯은 여럿
있지만 그중에서도
꾀꼬리버섯을
발견하면 단숨에
기분이 좋아져요.

마귀곰보버섯 ☠

>see p.76-77

크리스마스 무렵

짚공예 오너먼트

>see p.78-79

기나긴 밤이 계속되는
계절에는 어느 집
창가에나 촛불이 켜져 있어
따스한 빛이 흘러넘칩니다.

겨울 하늘

쾌청한 날에는 다이아몬드 더스트가
반짝반짝 흩날립니다.

>see p.80-81

Skandinavisk design

Scandinavian design

blue

Fräglära
컬러 레슨

스웨덴의 컬러 레슨에서는 먼저
색을 의식하는 것부터 가르칩니다.

>see p.82-83

'모노톤'처럼 줄무늬를 색깔별로 배색합니다.

monoton 모노톤

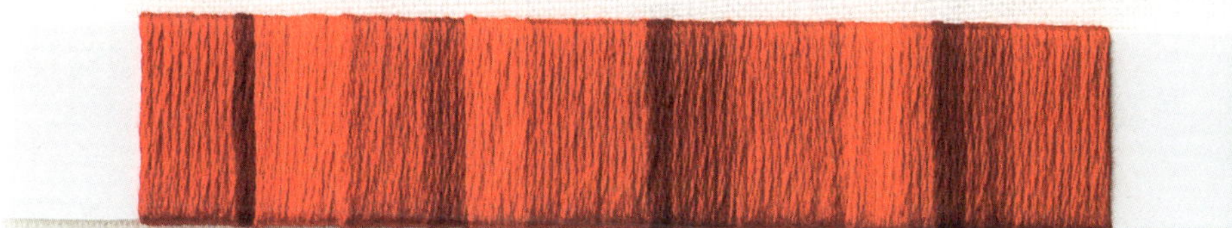

röd 빨간색

gul 노란색

grön 녹색

blå 파란색

Fräglära
röd
빨간색

빨간색 모티프를
이것저것 수놓았어요.

>see p.84-85

델스보 자수(Delsbosöm)는 패턴을 사용해
디자인하는 전통적인 빨간 실 자수입니다.

Fräglära
gul
노란색

멧노랑나비
Citronfjäril

>see p.86-87

색감이나 밝기가
조금씩 다른 노란색을
사용해 수놓았어요.

Fräglära
grön
녹색

펠트 슬리퍼

>see p.88-89

'컬러 레슨'의
녹색 줄무늬를
그대로 사용했어요.

Fräglära
blå
파란색

>see p.90-91

이백 년이 넘은 디자인이지만 파란색 천을 살린 배색이
지금 봐도 신선합니다.

Hur man gör

How to make

자수를 놓을 때

*실

이 책에서는 주로 DMC 자수 실을 사용하고 있습니다. 5번 자수 실과 리넨 자수 실은 그대로 1가닥으로 수를 놓습니다. 25번 자수 실은 가는 실 6가닥이 느슨하게 꼬여 있으므로 사용할 길이(50~60cm가 가장 편리함)만큼 잘라 1가닥씩 뽑아서 지정한 가닥 수대로 사용합니다(이 책에서는 지정한 것 외에는 3가닥을 사용).
도안에서 '겹쳐서'라고 지정한 것은 두 가지 색깔 이상의 실을 한 바늘에 꿰어 수놓으라는 뜻입니다. 색깔이 섞이면서 색감이 깊어져 효과적입니다.
이 책의 작품에 사용하는 카우칭 스티치는 고정 실이 눈에 띄지 않게끔 특별히 지정하지 않는 한 25번 실 1~3가닥을 사용하고, 5번 실은 같은 색깔의 25번 실 1가닥을 사용해 고정합니다. 리넨 자수 실은 색깔이 비슷한 25번 실 1가닥을 사용합니다.

*바늘

자수 실에 따라 알맞은 바늘을 고르는 것이 매우 중요합니다. 실의 굵기에 맞춰 바늘을 선택하되 끝이 뾰족한 것을 사용합니다.

5번 자수 실 1가닥 … 프랑스 자수 바늘 No.3~4
25번 자수 실 2~3가닥 … 프랑스 자수 바늘 No.7
25번 자수 실 1가닥 … 가는 바느질 바늘
리넨 자수 실 1가닥 … 프랑스 자수 바늘 No.7

*천

이 책의 작품은 리넨 100%의 천을 사용했습니다. 30cm×26cm의 자수용 사각 틀을 사용해 35cm×30cm의 천 중앙에 수를 놓았습니다. 자수를 놓는 바탕천 뒷면에는 반드시 단면 접착심(중간 두께)을 붙여 주세요. 그러면 천이 늘어나지 않아 뒷면으로 보낸 자수 실이 천 앞면에 영향을 주지 않으므로 훨씬 깔끔하게 마무리됩니다.

*도안

도안은 실물 크기로 실었습니다. 먼저 도안을 트레이싱페이퍼에 베낍니다. 그런 다음, 천 위에 물로 지워지는 초크페이퍼(회색을 추천)와 도안을 베껴 놓은 트레이싱페이퍼를 올려놓고 셀로판지를 겹쳐서 수예용 철필을 사용해 천에 옮겨 그립니다.

*자수틀

자수를 놓을 때 천을 자수틀에 끼우면 깔끔하게 마무리됩니다. 작은 것은 둥근 틀, 큰 것은 사이즈에 맞춰 자수용 사각 틀을 사용합니다.

*자수 요령 – 수놓을 때

- 자수를 놓을 때에는 위에 적힌 대로 천에 도안을 옮깁니다. 천에 따라서는 세세한 부분까지 베껴지지 않을 수 있으므로, 열로 지워지는 잉크 볼펜으로 채웁니다. 도안을 정확히 베끼는 것이 예쁘게 수놓는 요령 중 하나입니다.
  마무리할 때에는 먼저 분무기로 물을 뿌려 초크페이퍼의 선을 지운 뒤, 천을 뒤집고 다리미 또는 드라이어로 열을 가해 볼펜 선을 지웁니다.

- 식물은 줄기→잎→꽃 순으로 수놓습니다. 잎 안의 위맥은 나중에 놓는 편이 스티치가 도톰해져서 산뜻해 보입니다.

- 잎과 꽃은 바깥쪽에서 안쪽을 향해 수놓으면 각도와 방향을 정하기 쉽습니다.

- 도안과 자수법은 보기 쉽게 전달하고자 하였으나, 수를 놓기 전에 실물을 보거나 도감 혹은 인터넷으로 이미지를 확인하길 권합니다. 전체 이미지를 알아 두면 자수로 나타내기 쉬워져 헤매지 않습니다.

- 식물과 새 등은 종류마다 특징이 있지만 무엇 하나 모양이 같은 것은 없습니다. 꽃 개수를 늘리거나 새를 통통하게 수놓는 등 나름대로 궁리하며 수놓아 보세요.

자수 스티치

도안에는 스티치를 'S'로 표기했습니다.

러닝 스티치

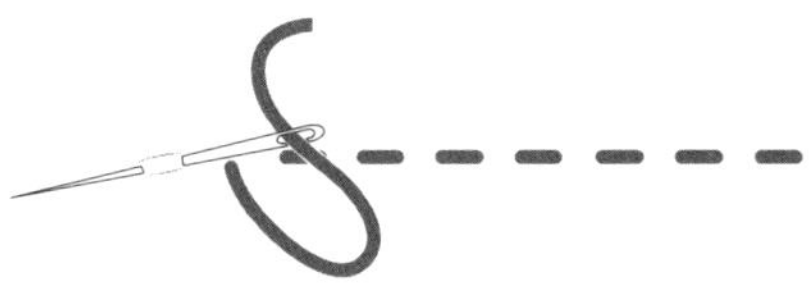

스티치를 넣고는 싶은데 눈에 띄지 않게 하고 싶을 때 사용합니다.

백 스티치

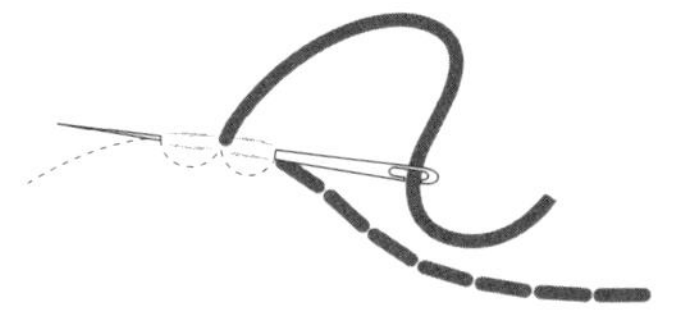

선을 수놓을 때 이용하면 깔끔하게 완성됩니다. 곡선을 수놓을 때는 바늘땀을 촘촘하게 해 주세요. 잎 무늬나 뿌리 끝부분 등에 사용합니다.

아우트라인 스티치

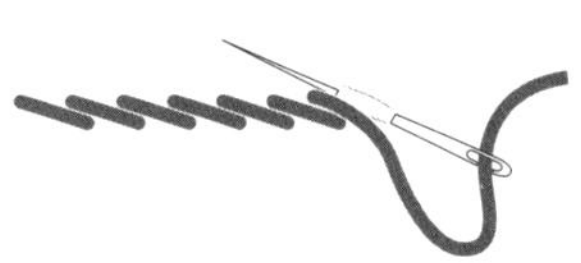

볼륨감과 질감이 살아 있는 선이 됩니다. 나열하여 수를 놓아 면을 채우기도 합니다. 줄기나 뿌리에 사용합니다.

카우칭 스티치

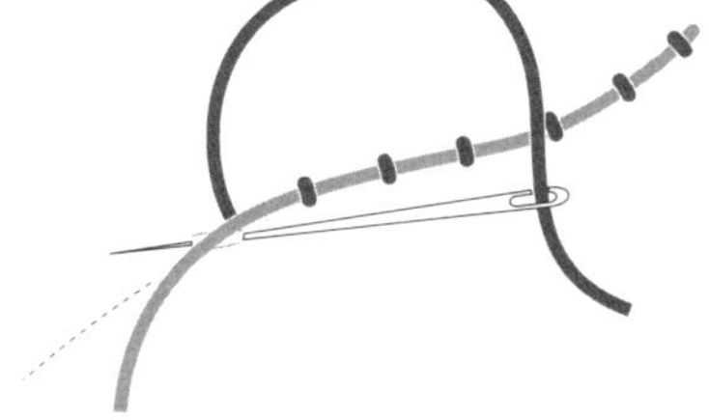

자유로운 선을 수놓을 수 있어 작은 글자에도 사용할 수 있습니다. 줄기는 5번 실로 힘차게, 고정하는 실은 짧게 하면 깔끔하게 완성됩니다.

스트레이트 스티치

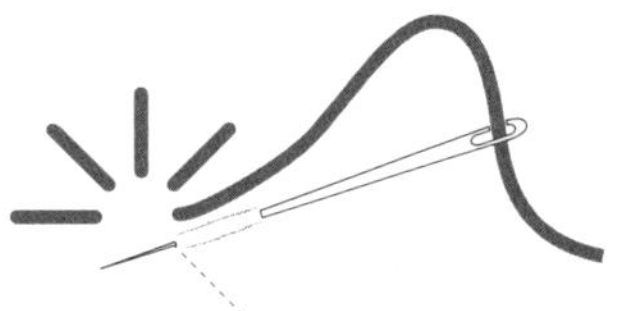

심플한 스티치이지만 어떻게 사용하느냐에 따라 자수의 느낌이 달라집니다. 가느다란 꽃잎이나 식물의 가는 부분에 사용합니다.

스플릿 스티치

흔히 나열하여 면을 채우는 데 사용합니다. 잎과 같이 넓은 면을 채워도 무거운 느낌이 없습니다. 약간 길쭉하게 수를 놓는 편이 평평하게 마무리됩니다.

새틴 스티치

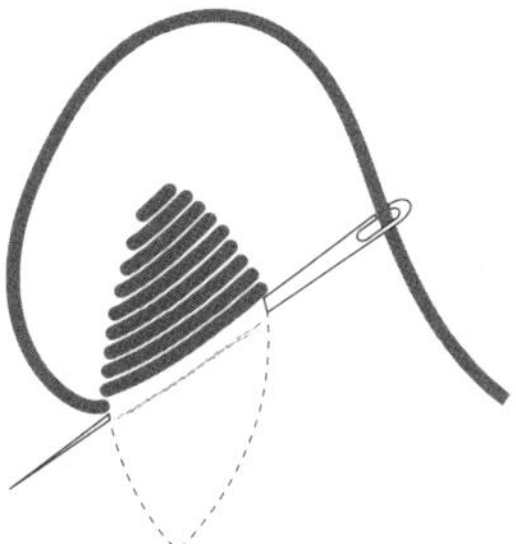

광택감과 평평함이 느껴지는 스티치로, 꽃잎에 사용하기에 딱 좋고, 잎에도 사용합니다. 실을 잡아당기는 정도가 일정하면 깔끔하게 완성됩니다.

롱 앤드 쇼트 스티치

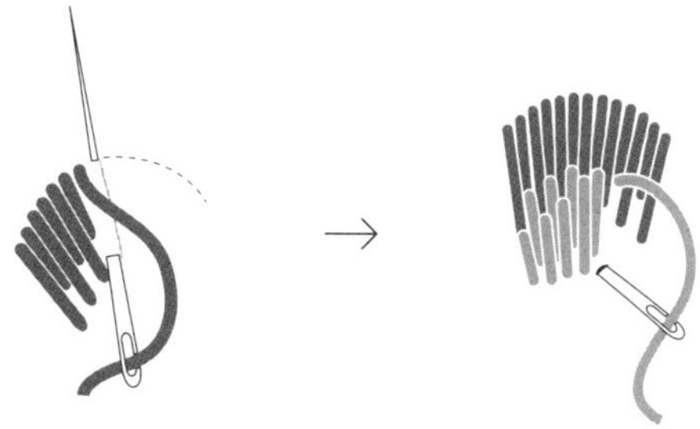

넓은 면적에 자주 사용합니다. 반드시 도안 바깥쪽에서부터 바늘을 빼내어 중심 쪽으로 넣어 주세요.

2단을 수놓을 때에는 1단의 실 사이로 바늘을 빼서 틈이 생기지 않게 수놓습니다.

프렌치너트 스티치
(2번 감기)

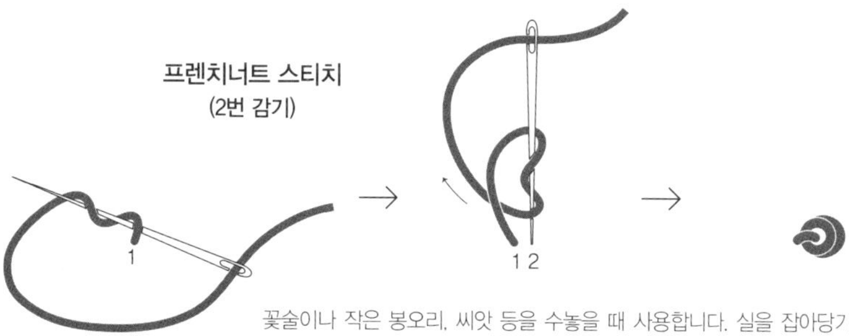

꽃술이나 작은 봉오리, 씨앗 등을 수놓을 때 사용합니다. 실을 잡아당기는 정도와 방법에 따라 빳빳한 느낌으로도 부드러운 느낌으로도 완성됩니다. 이 책에서는 따로 지정하지 않을 경우에는 2번 감기입니다.

체인 스티치

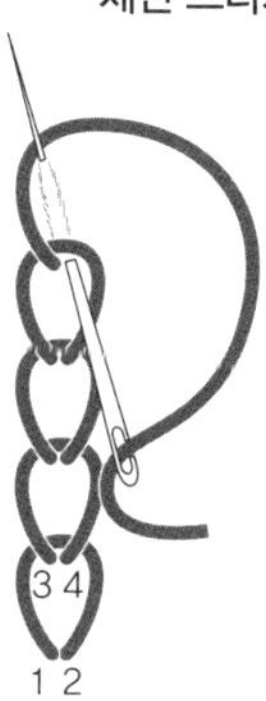

사슬을 연결한 듯한 스티치입니다. 실을 약간 세게 당겨서 체인을 가늘게 하면 볼륨감이 살아 있는 선을 수놓을 수 있습니다.

플라이 스티치

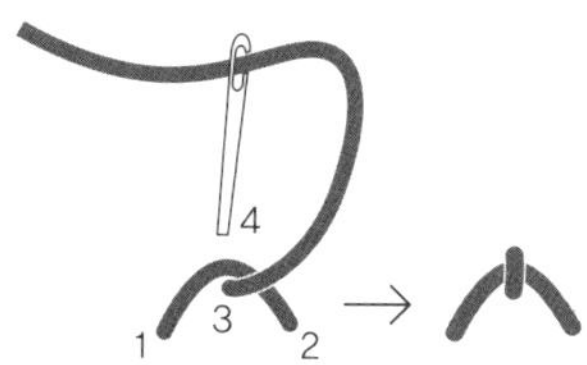

고정하는 실의 길이로 다양하게 표현할 수 있습니다.

레이지데이지 스티치

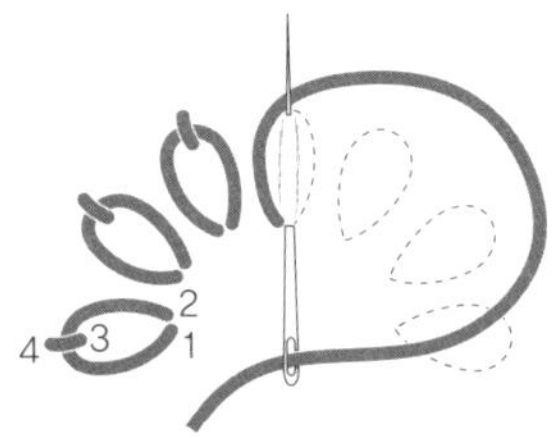

(변형)

작은 꽃잎이나 꽃받침에 사용합니다. 안쪽 공간을 메우기 위해 스트레이트 스티치나 새틴 스티치와 조합하기도 합니다. 홀쭉하게 수놓는 등 실을 당기는 정도에 따라 모양을 조절할 수 있습니다.

블랭킷 스티치

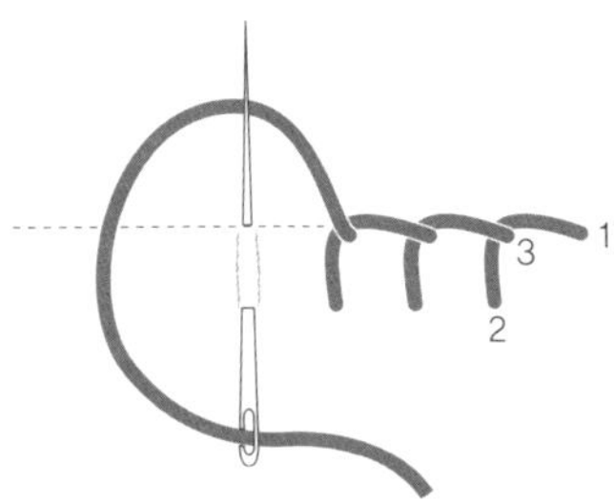

아플리케나 테두리를 감치는 데 많이 사용하는 스티치입니다. 도안에 맞춰 간격이나 땀 길이를 바꿔서 수놓습니다. '버튼홀 스티치'라고도 합니다.

(변형)

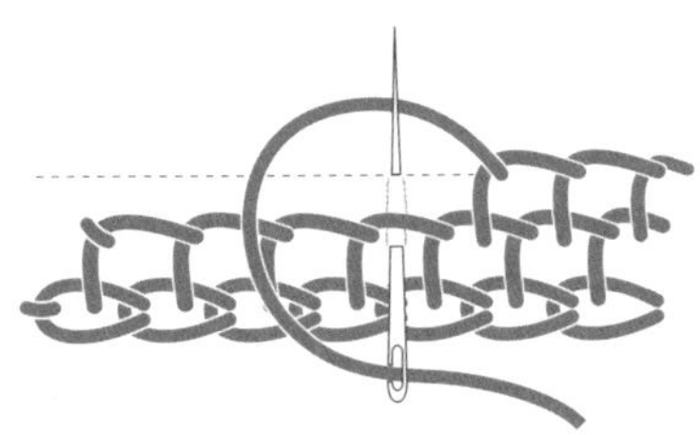

체인 스티치를 1줄 놓은 뒤 그 체인 안에 바늘을 넣고 천을 떠서 블랭킷 스티치를 놓습니다. 다음 단부터는 스티치의 절반만큼 옮겨서 수놓아 갑니다.

page 74-75 새의 눈 수놓는 방법

프렌치너트 스티치를 놓은 뒤, 실 1가닥을 사용해 레이지데이지 스티치로 희고 가는 선을 수놓아 주위를 둘러쌉니다. 두 스티치의 고정하는 실을 눈구석과 눈꼬리 중 어디에 놓는지, 레이지데이지 스티치(수놓는 방법의 과정 1, 2)의 간격을 얼마나 주는지에 따라 새의 표정이 달라집니다.

린네풀 잔 뒤표지

[재료] DMC 자수 실 25번 = 989, 320, 554, 3727, 646, 3347 5번 = 3347

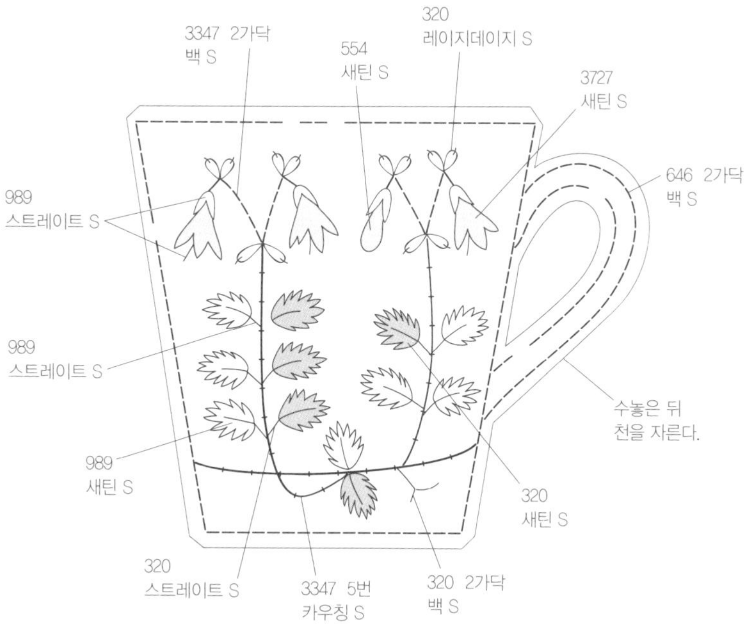

오전과 오후의 티타임 page 6-7

[재료] DMC 자수 실 25번 = 988, 704, 935, 646, 645

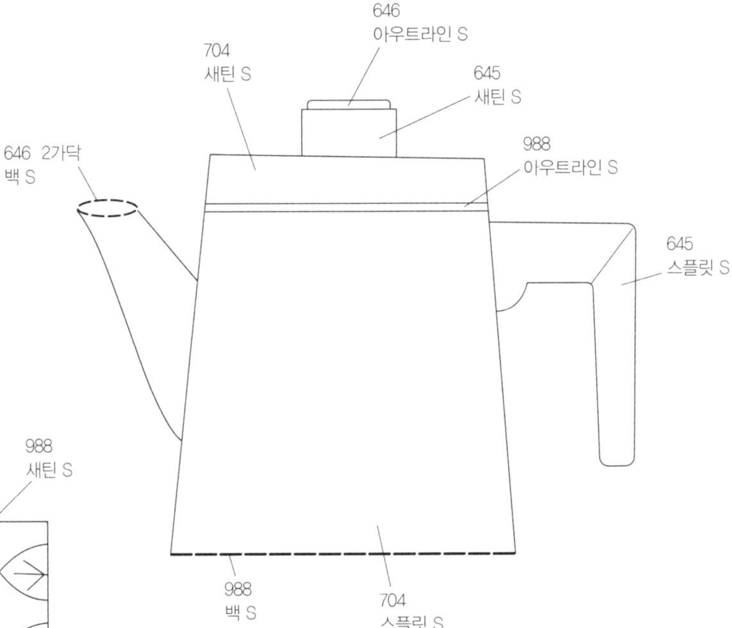

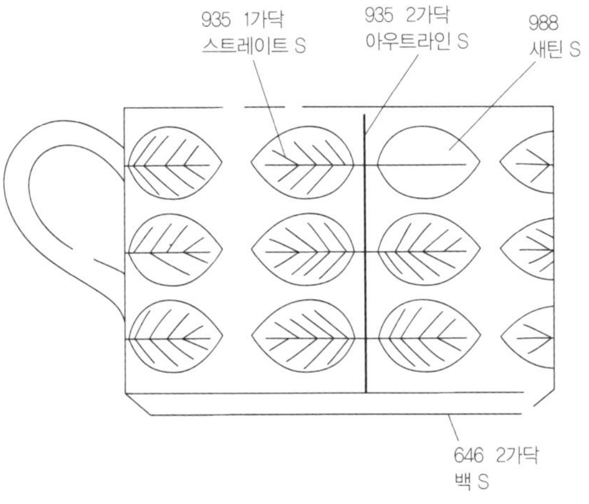

[재료] DMC 자수 실 25번 = ECRU, 738, 436, 435, 434, 801, 938, 907, 3347, 3821   5번 = 989
리넨 실(중세사 : 중간 정도의 가는 실) = 내추럴 컬러 또는 AFE 리넨 자수 실 = L902

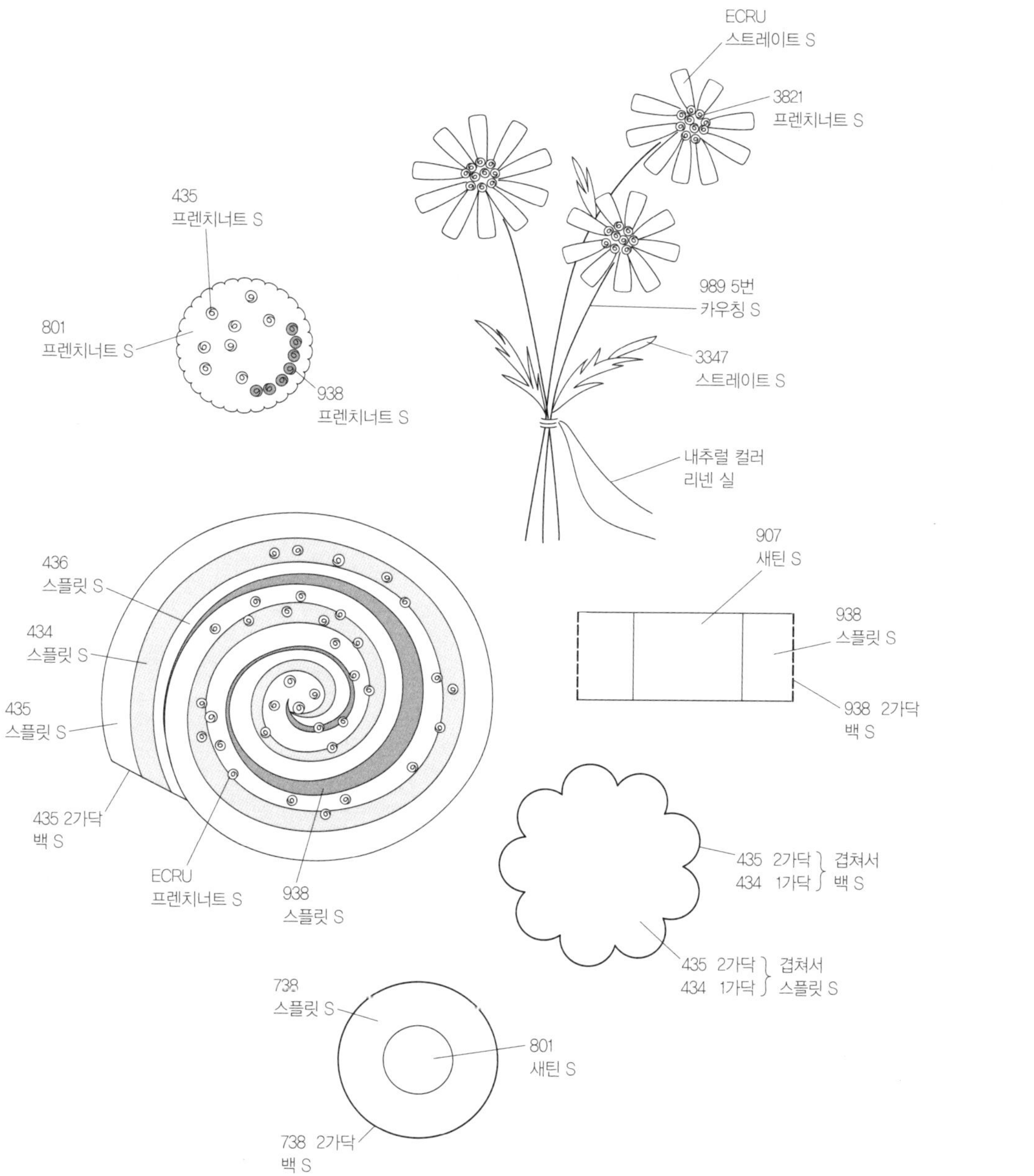

냄비 홀더와 여러 주방 도구 page 8-9

[재료] DMC 자수 실 25번 = 03, 645, 3045, 420 AFE 리넨 자수 실 = L402, L417
별도의 천 = 회색 옥스퍼드

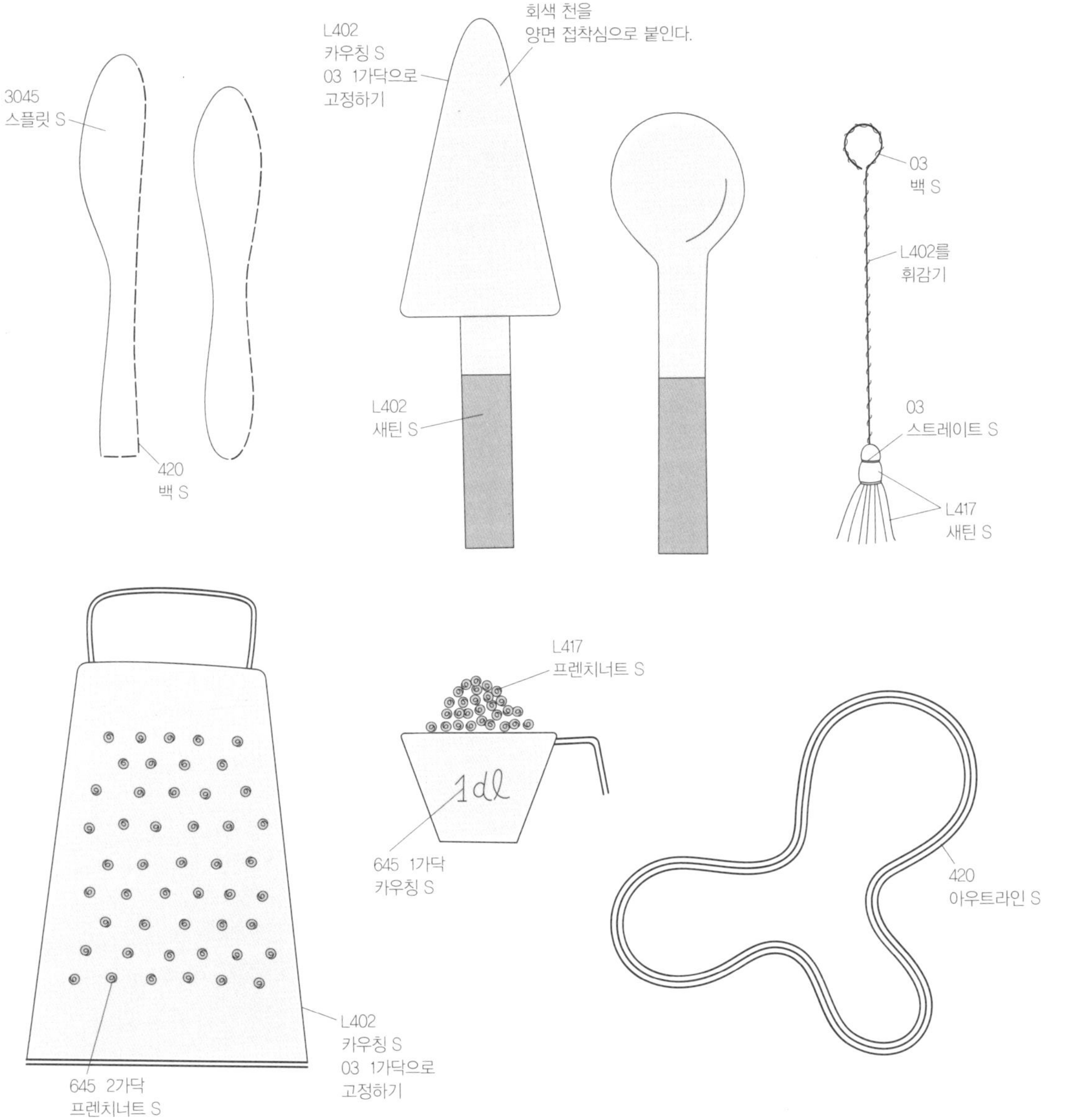

[재료] DMC 자수 실 25번 = 03, 08, 3831, 798, 336

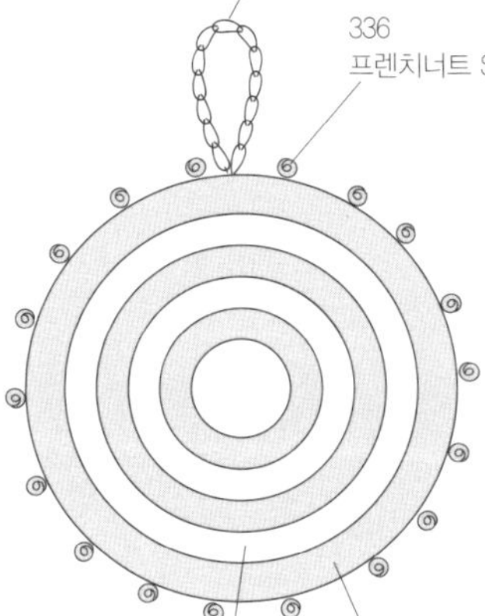

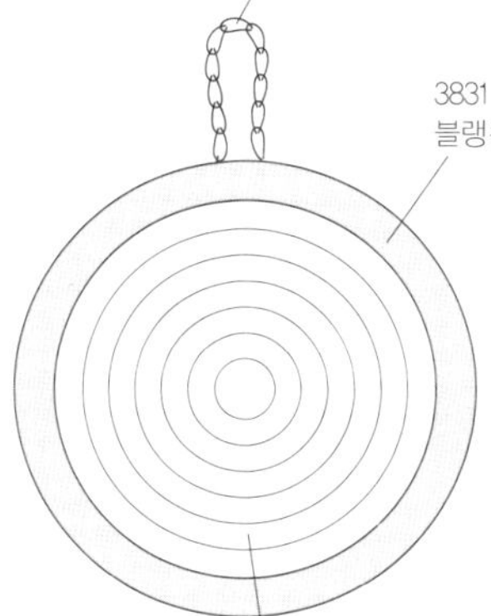

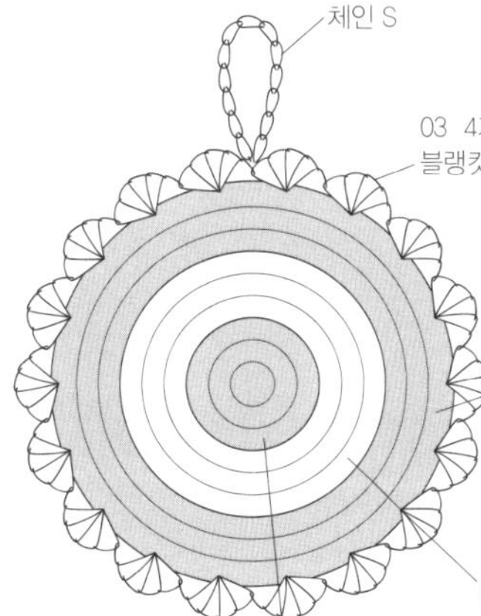

*중심부터 블랭킷 S(p.52 변형)를 놓기 시작한다.

코스타 보다 유리 공예품 page 10-11

[재료] DMC 자수 실 25번 = 317

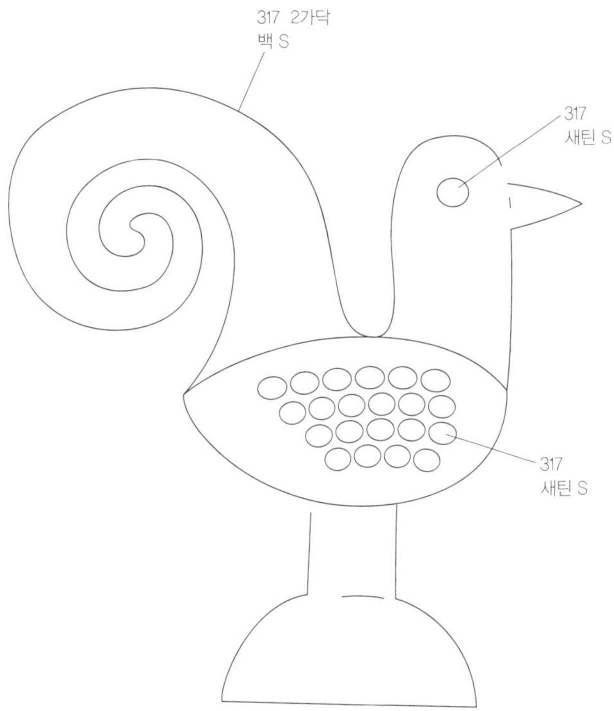

[재료] DMC 자수 실 25번 = 317, 17, 3838, 3866　AFE 리넨 자수 실 = L540
리넨 실(중태사 : 중간 정도의 굵은 실) = 오프화이트색 또는 AFE 리넨 자수 실 = L416

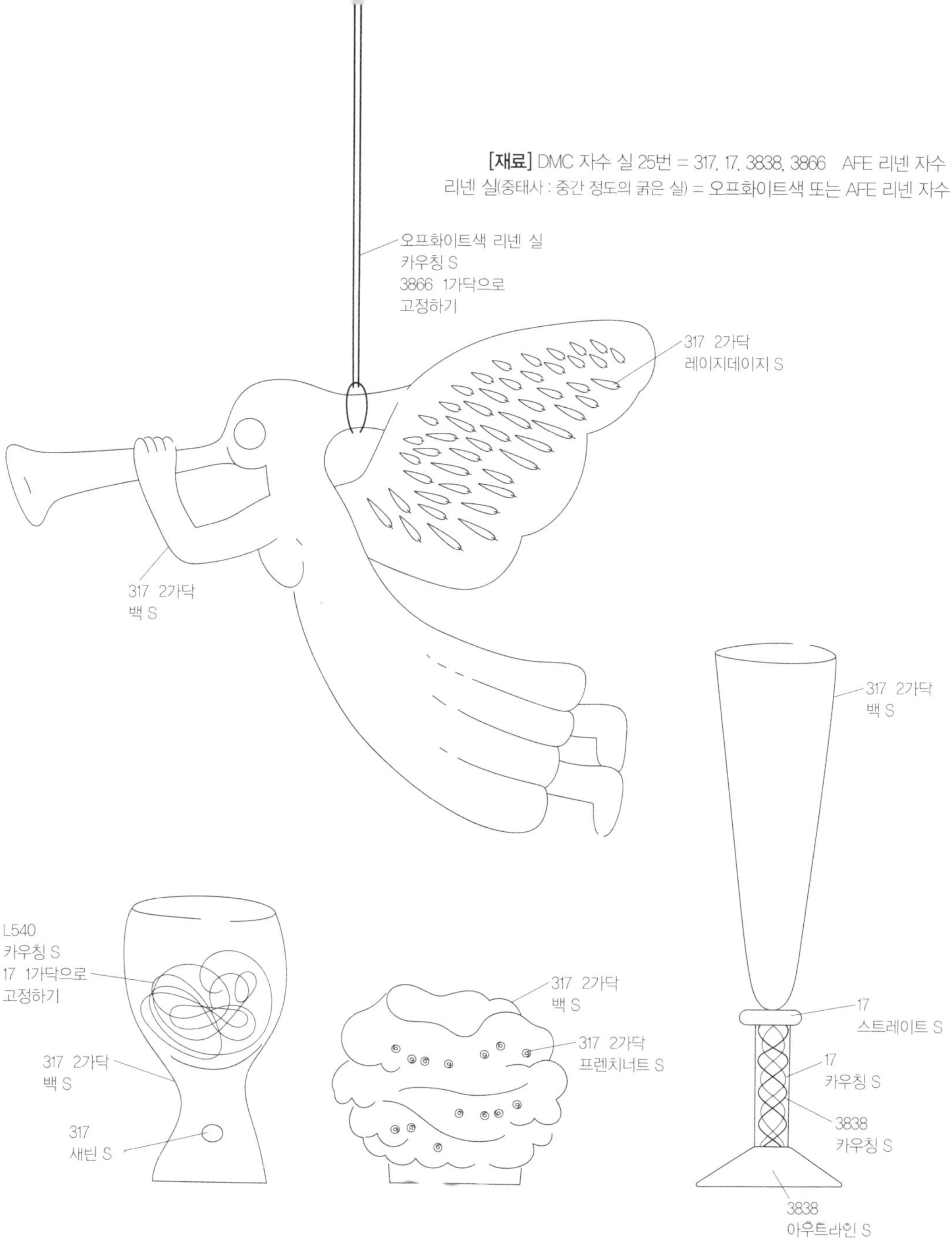

다양한 흰 그릇 page 12-13

[재료] DMC 자수 실 25번 = 3865, 317, 704, 989, 3862

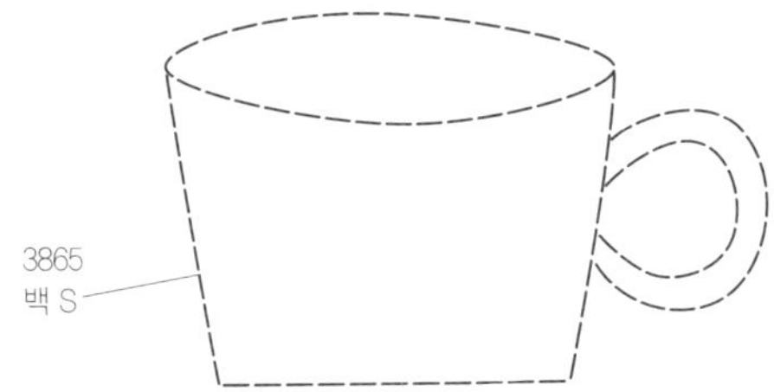

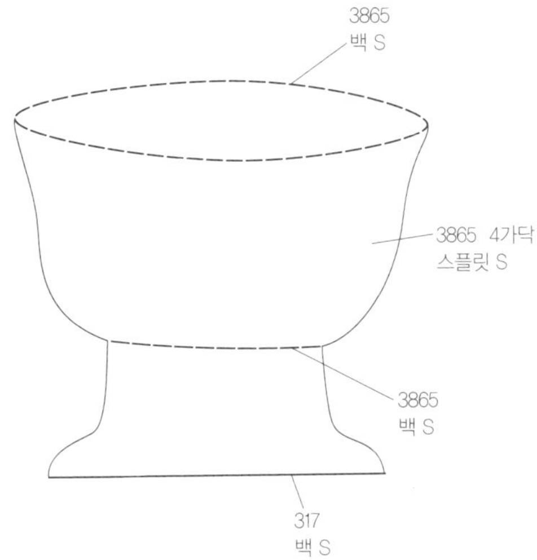

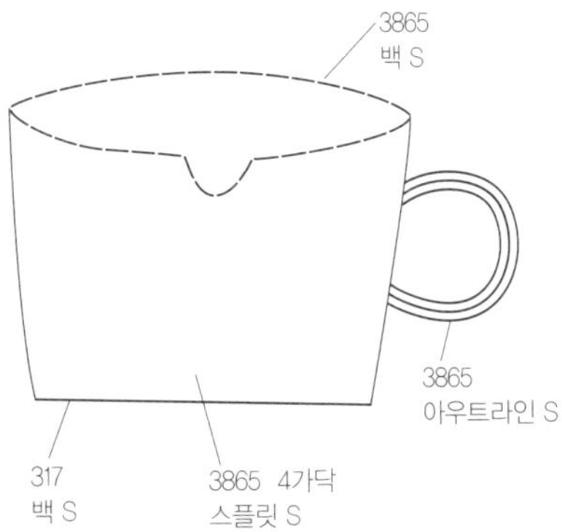

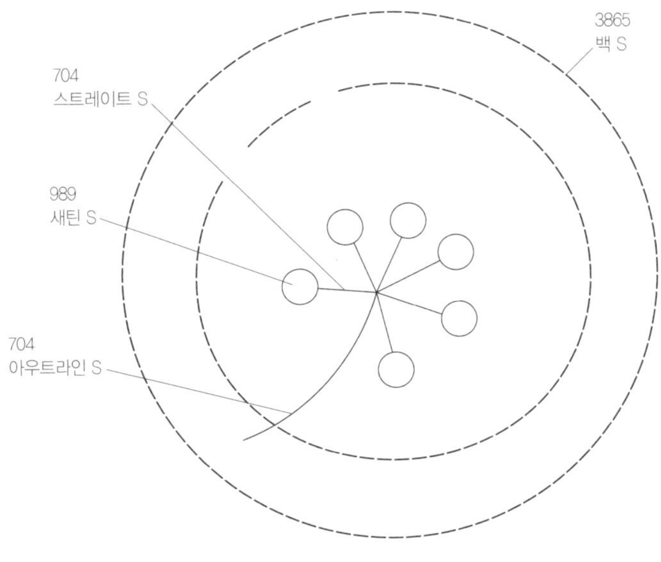

[재료] DMC 자수 실 25번 = 3865, 317, 152, 704, 989

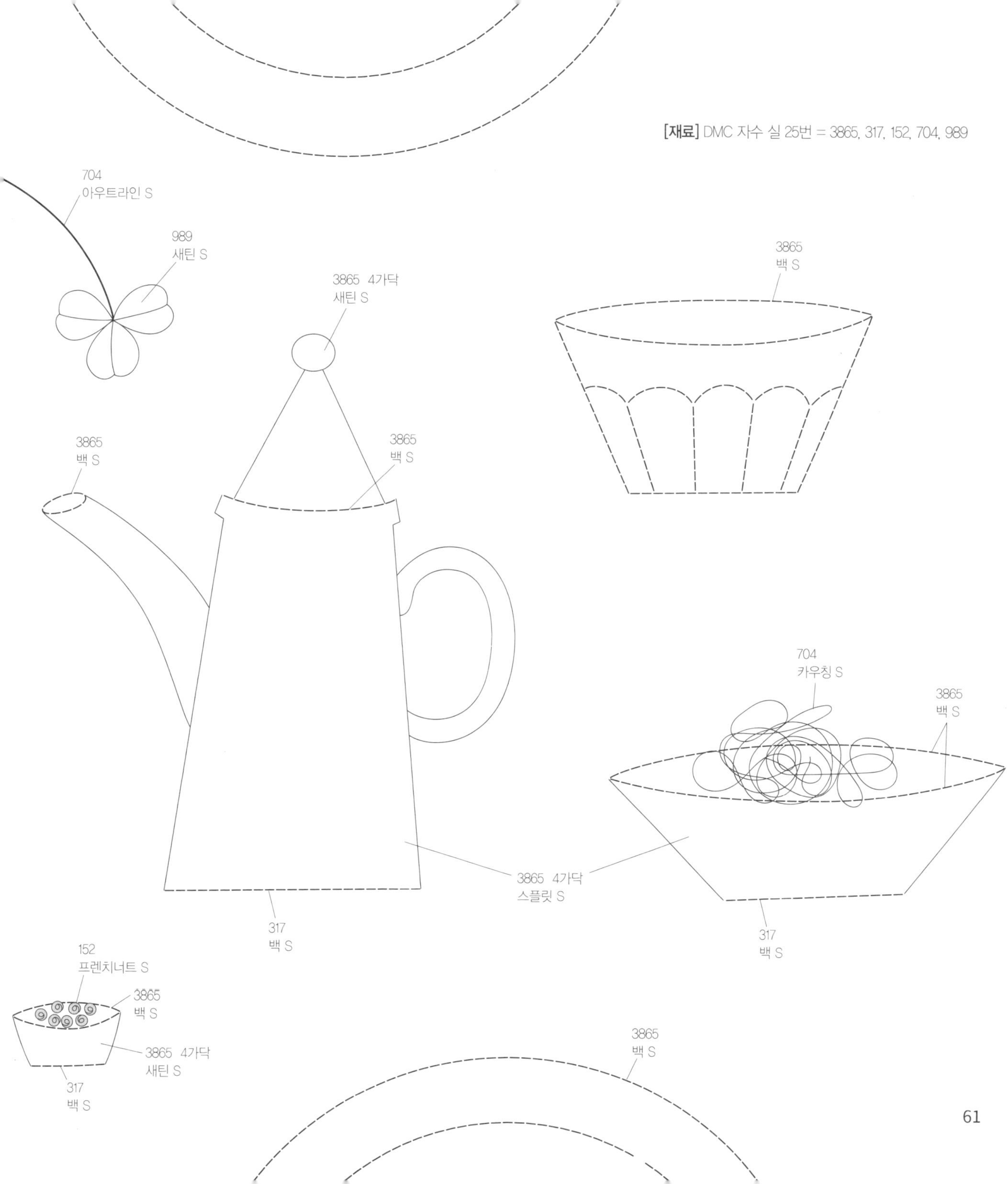

봄의 숲 page 16-17

[재료] DMC 자수 실 25번 = 471, 3347, 3363, 822, 3821, 840, 841   5번 = 471, 841

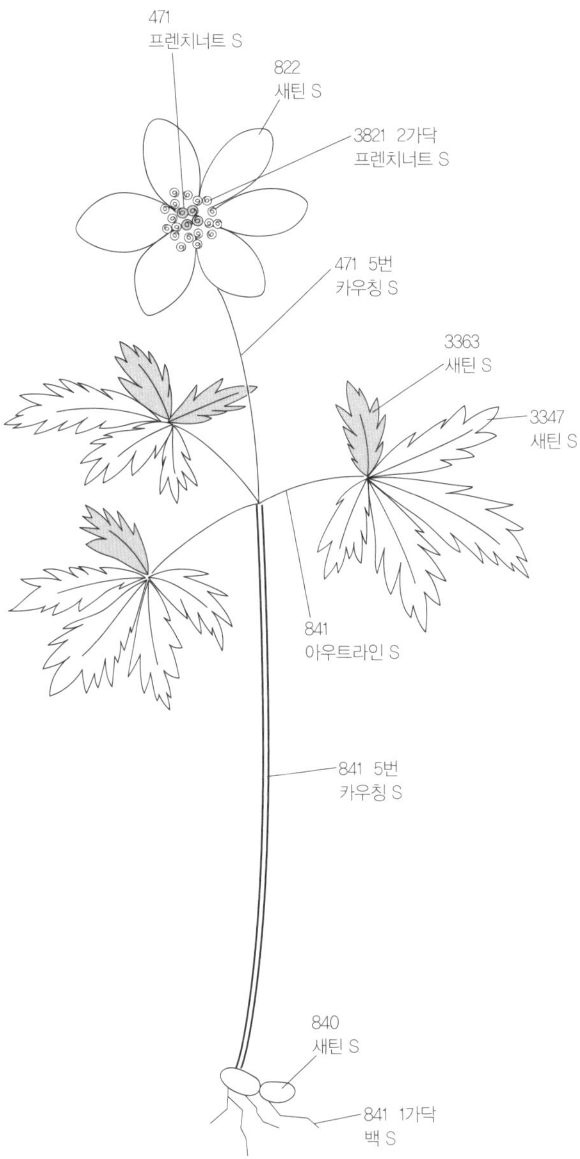

[재료] DMC 자수 실 25번 = 3865, 3866, 3347, 844, 862
별도의 천 = 얇은 튈(올리브그린색) · AFE 튈(암녹색)

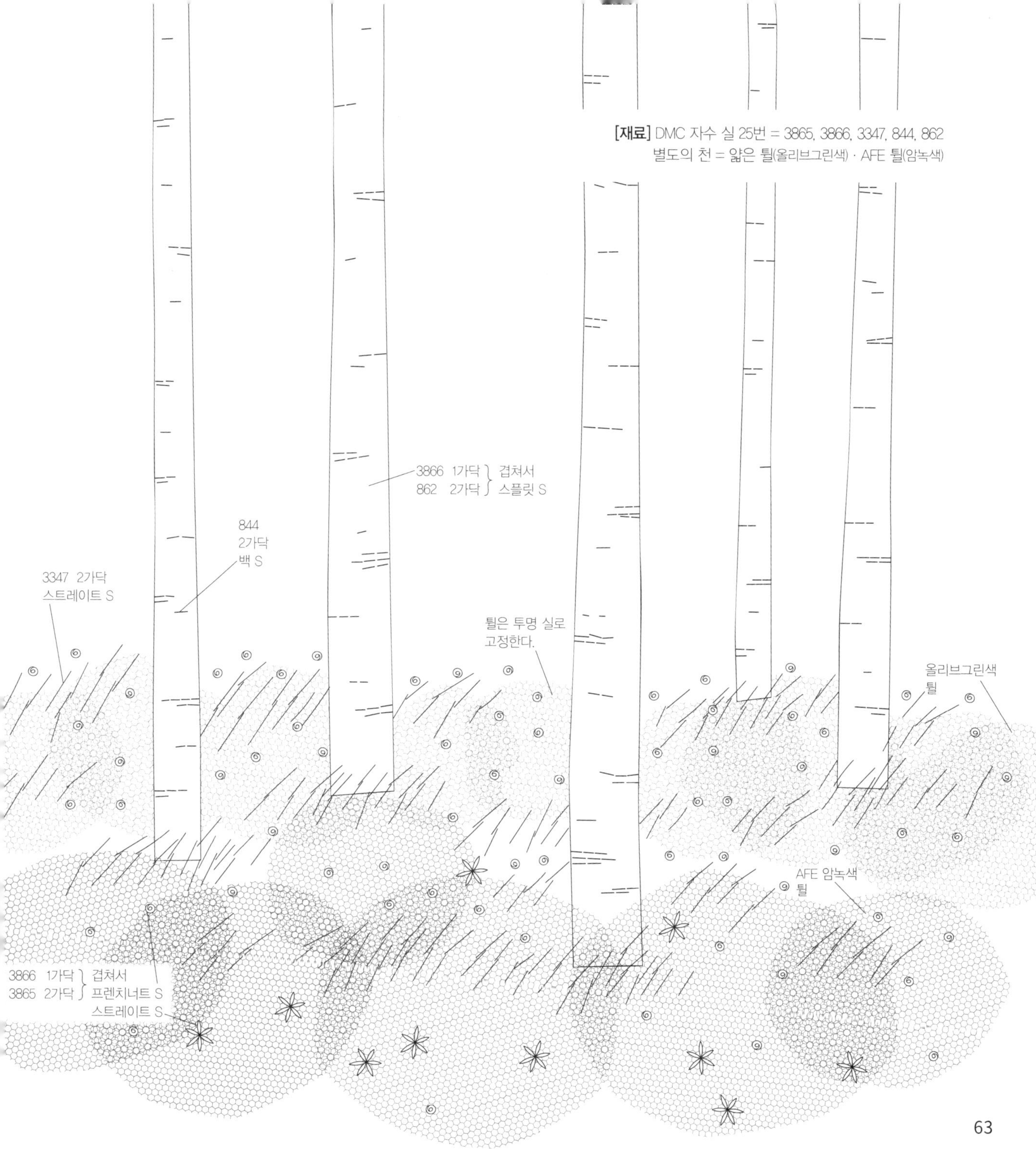

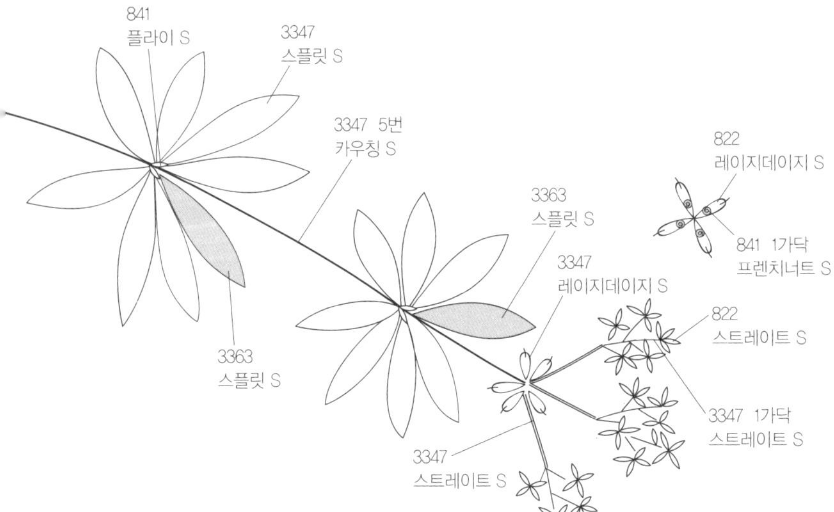

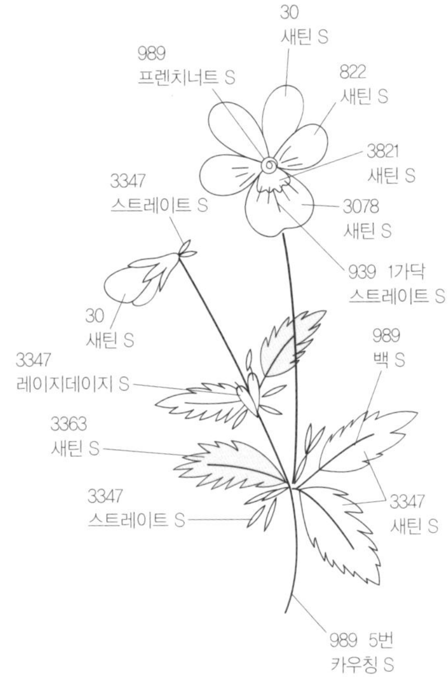

숲에 피는 꽃 page 18-19

[재료] DMC 자수 실 25번 = 989, 3347, 3363, 822, 3078, 3821, 341, 30, 939, 963, 224, 841, 3012 5번 = 989, 3347, 3012

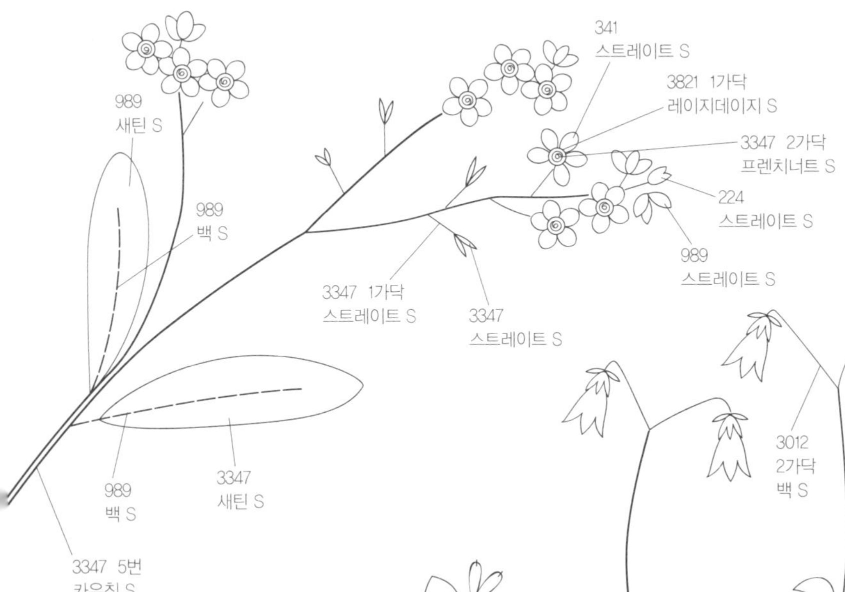

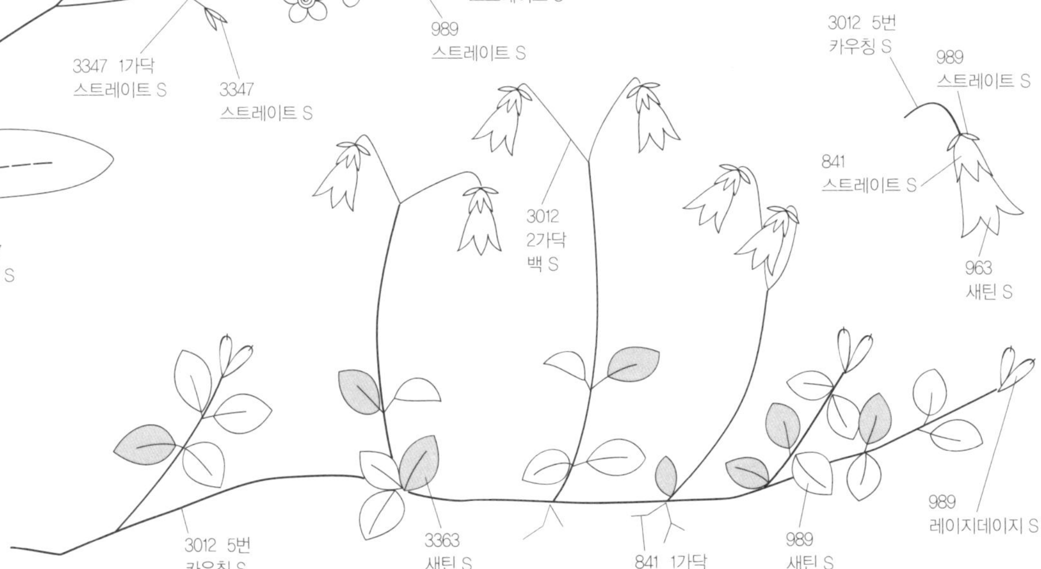

[재료] DMC 자수 실 25번 = 989, 3347, 822, 341, 30, 224, 223, 841, 645 5번 = 3347, 841

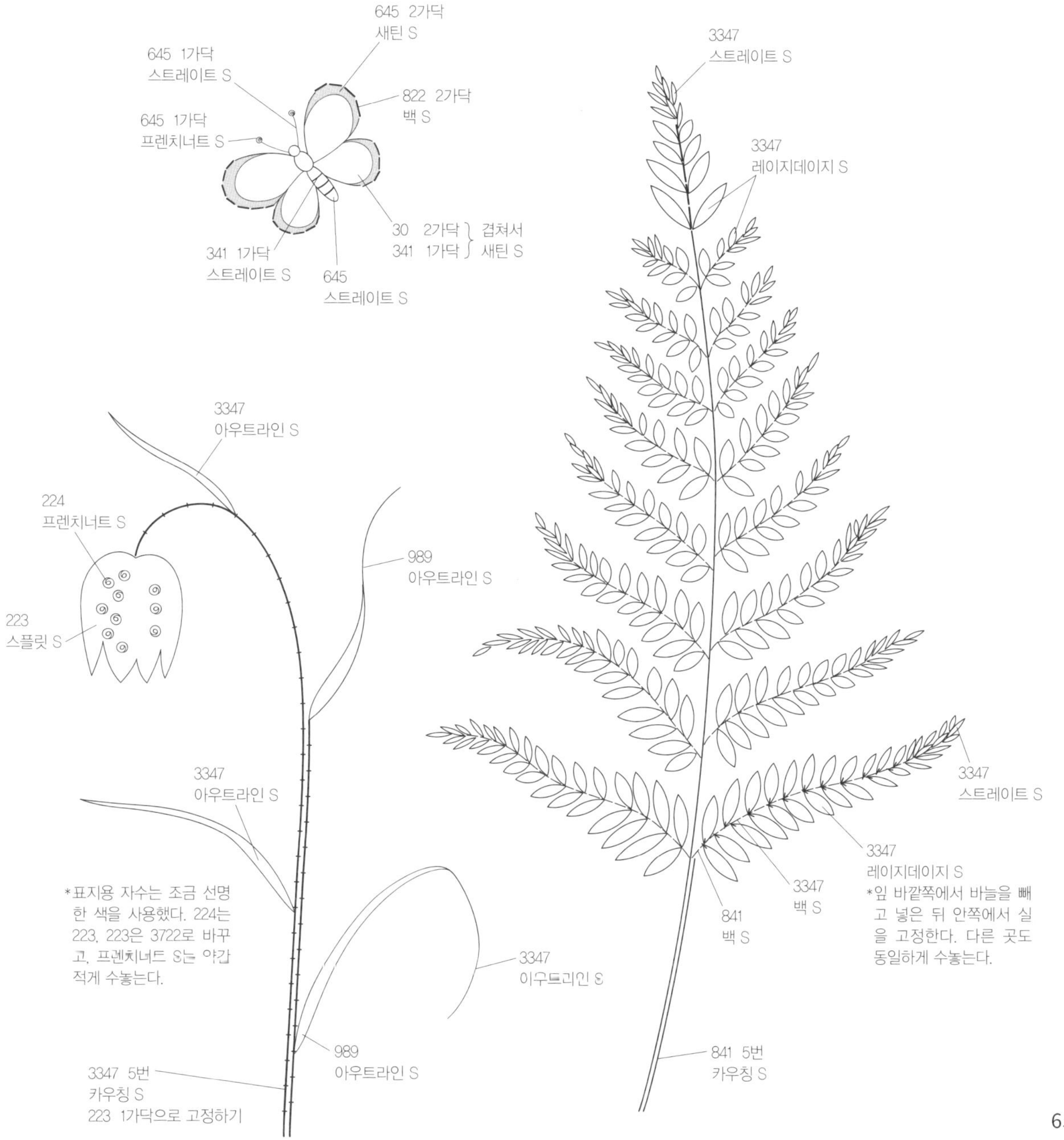

들판의 꽃 page 20-21

[재료] DMC 자수 실 25번 = 989, 3347, 3363, 471, 3364, 840, 822, 3822, 3821, 758, 3731, 153, 155, 341　5번 = 989, 3347, 3052, 840
가는 리넨 실 = 녹색　별도의 천 = 얇은 튈(올리브그린색)
*가는 리넨 실을 구할 수 없을 때는 25번 실 3364 2가닥으로 대체해 사용한다.
*풀숲은 튈을 투명 실로 고정한 뒤, 가는 리넨 실과 25번 실 471 1가닥으로 스트레이트 S를 놓는다.

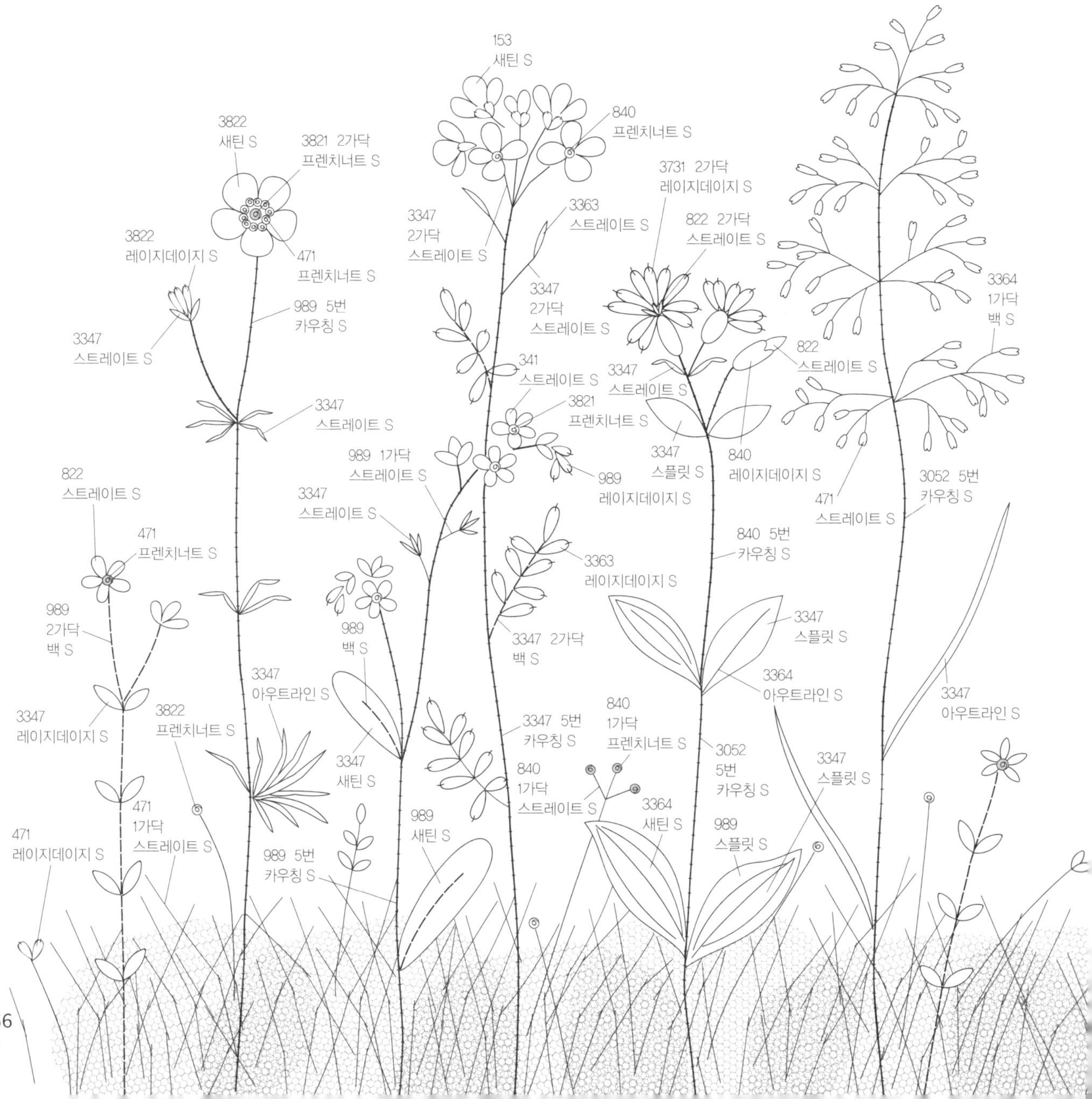

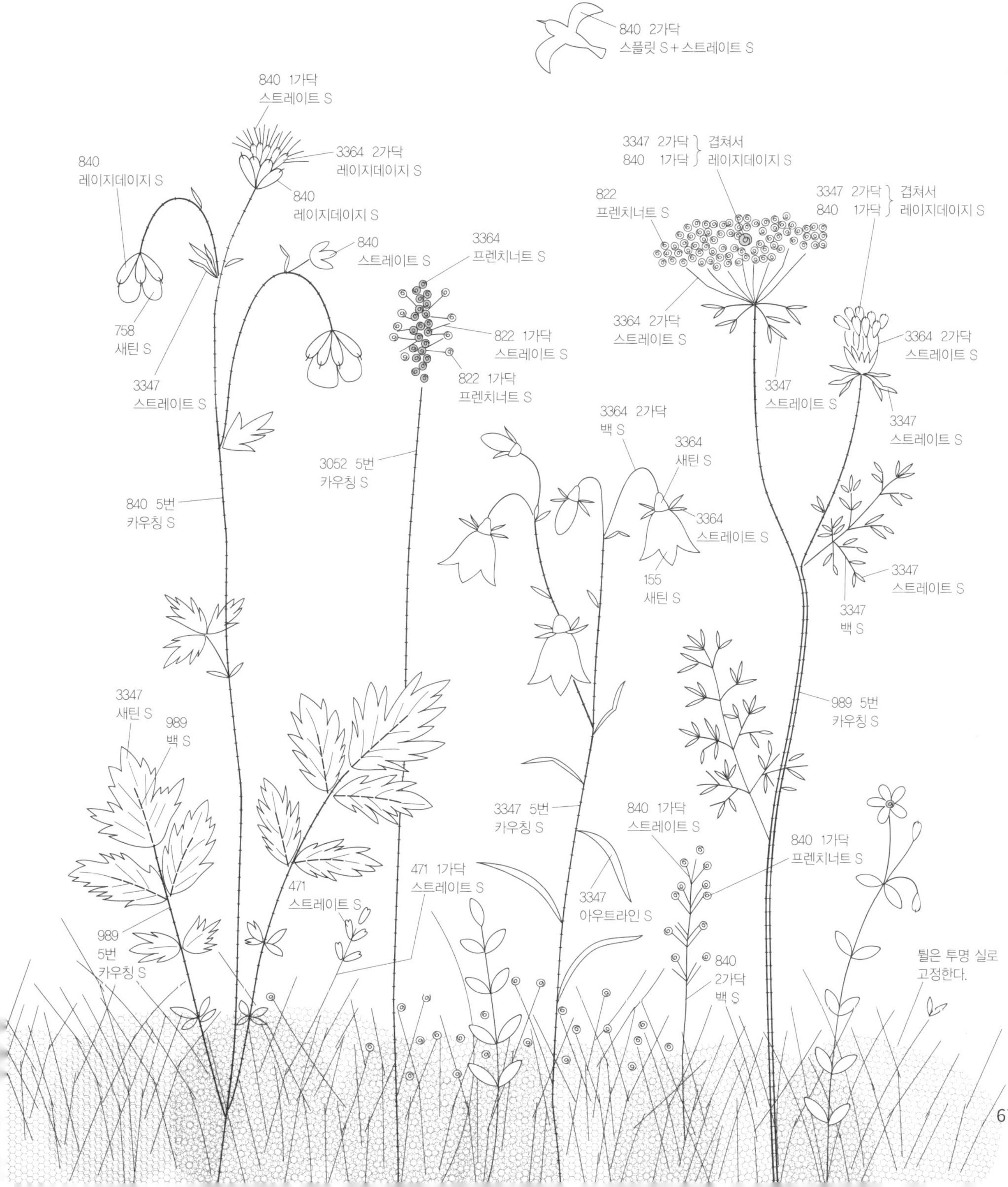
840 2가닥
스플릿 S+스트레이트 S
840 1가닥
스트레이트 S
3364 2가닥
레이지데이지 S
840
레이지데이지 S
840
레이지데이지 S
840
스트레이트 S
3364
프렌치너트 S
758
새틴 S
3347
스트레이트 S
822 1가닥
스트레이트 S
822 1가닥
프렌치너트 S
3052 5번
카우칭 S
840 5번
카우칭 S
3347 2가닥
840 1가닥
겹쳐서
레이지데이지 S
822
프렌치너트 S
3347 2가닥
840 1가닥
겹쳐서
레이지데이지 S
3364 2가닥
스트레이트 S
3347
스트레이트 S
3364 2가닥
스트레이트 S
3347
스트레이트 S
3364 2가닥
백 S
3364
새틴 S
3364
스트레이트 S
155
새틴 S
3347
스트레이트 S
3347
백 S
989 5번
카우칭 S
3347
새틴 S
989
백 S
3347 5번
카우칭 S
840 1가닥
스트레이트 S
840 1가닥
프렌치너트 S
471 1가닥
스트레이트 S
471
스트레이트 S
3347
아웃트라인 S
989
5번
카우칭 S
840
2가닥
백 S
털은 투명 실로
고정한다.

하지 무렵 page 22-23

[재료] DMC 자수 실 25번 = 3348, 368, 989, 3347, 822, 3822, 3820, 840, 801, 3727, 340, 3838　5번 = 989, 840
MOKUBA 오건디 리본 5㎜ 폭 = 15

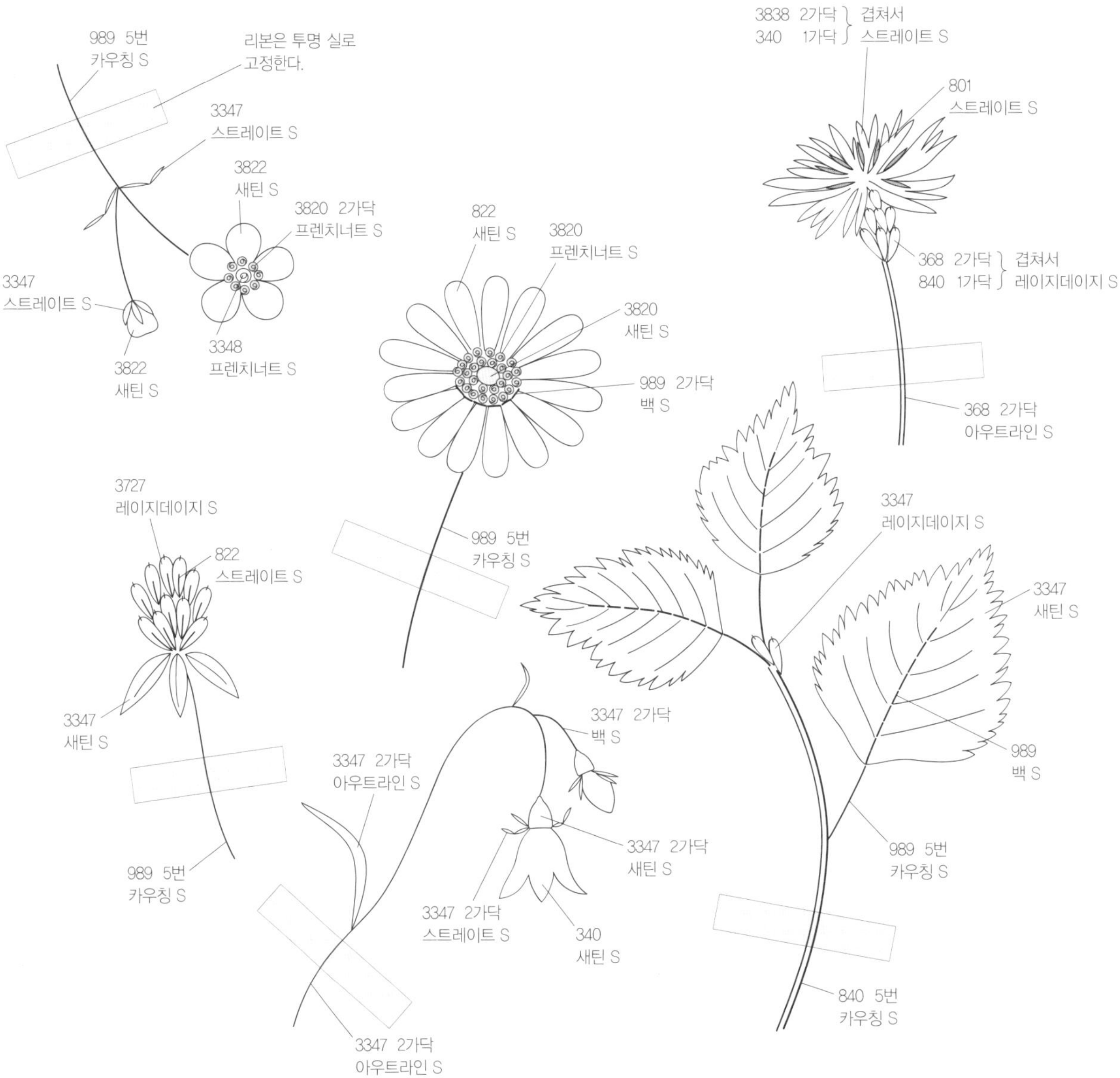

[재료] DMC 자수 실 25번 = 3865, 610, 368, 988, 989, 3347, 3822, 3820, 3727, 340, 3838 5번 = 610, 989

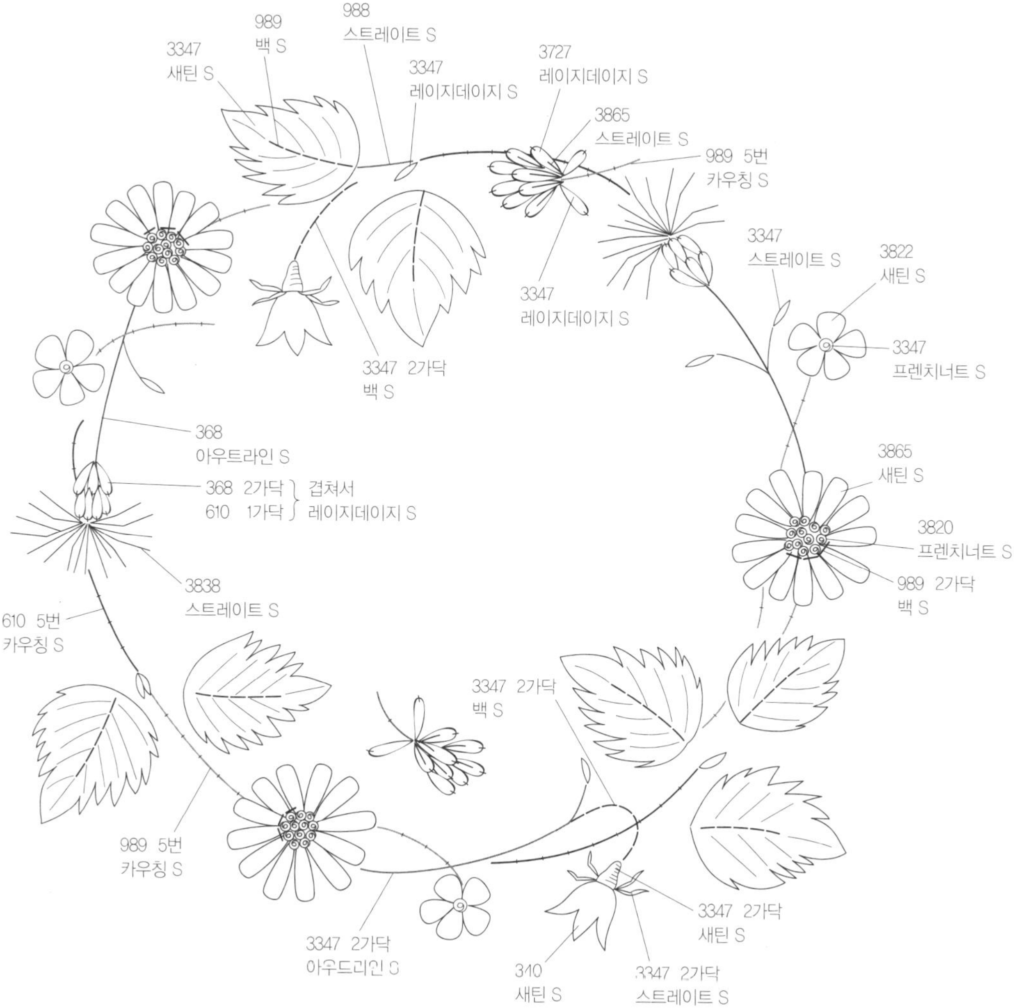

아마 밭 page 24-25

[재료] DMC 자수 실 25번 = 3053, 3364, 988, 341, 793, 11, 612, 648, 3790, 356, 844 5번 = 3053
AFE 리넨 자수 실 = L208, L910

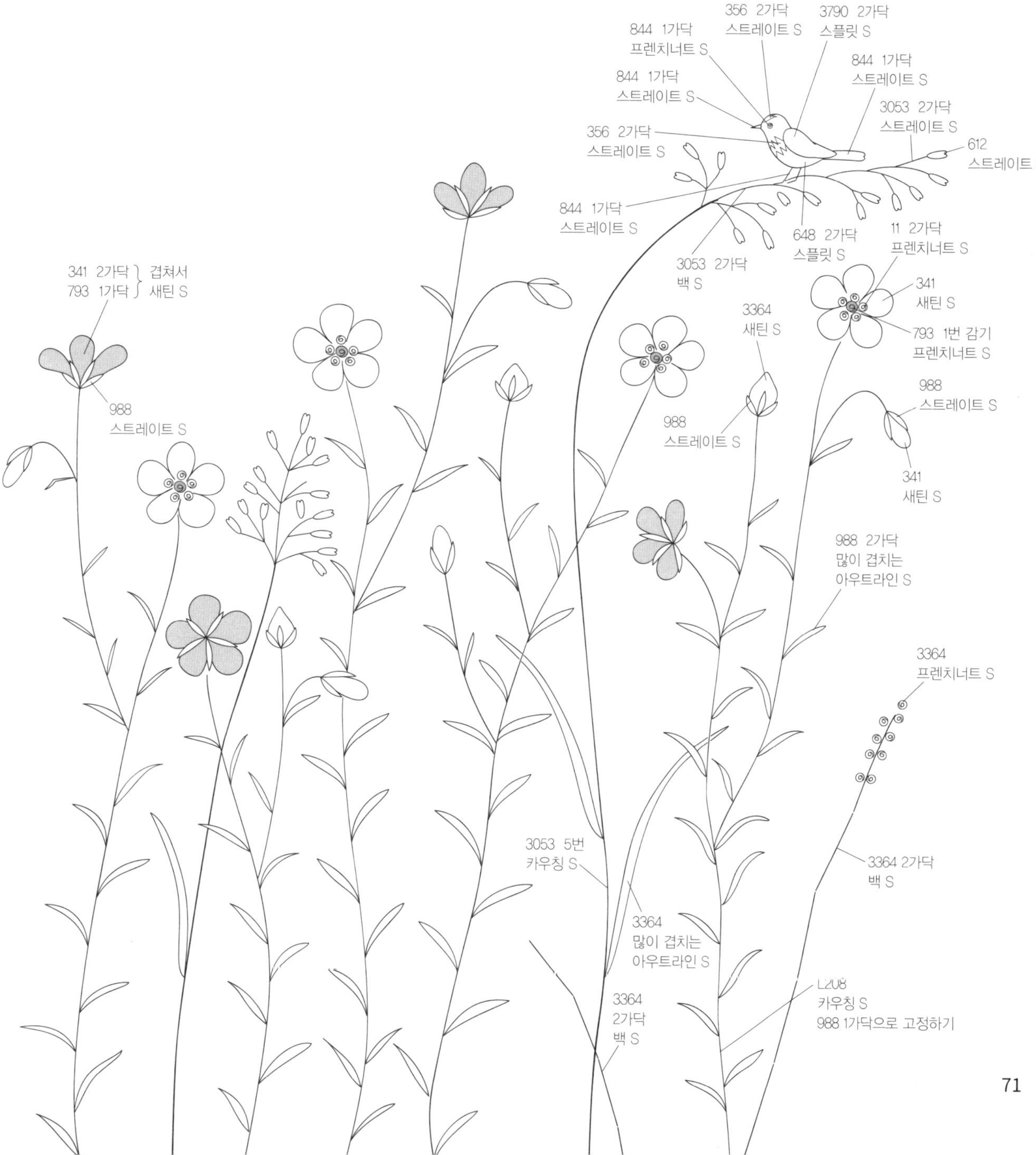
356 2가닥
스트레이트 S
3790 2가닥
스플릿 S
844 1가닥
프렌치너트 S
844 1가닥
스트레이트 S
844 1가닥
스트레이트 S
3053 2가닥
스트레이트 S
356 2가닥
스트레이트 S
612
스트레이트 S
844 1가닥
스트레이트 S
648 2가닥
스플릿 S
11 2가닥
프렌치너트 S
3053 2가닥
백 S
341 2가닥
793 1가닥
겹쳐서
새틴 S
341
새틴 S
3364
새틴 S
793 1번 감기
프렌치너트 S
988
스트레이트 S
988
스트레이트 S
988
스트레이트 S
341
새틴 S
988 2가닥
많이 겹치는
아웃트라인 S
3364
프렌치너트 S
3053 5번
카우칭 S
3364 2가닥
백 S
3364
많이 겹치는
아웃트라인 S
L208
카우칭 S
988 1가닥으로 고정하기
3364
2가닥
백 S

숲의 과일 page 26-27

[재료] DMC 자수 실 25번 = 471, 3347, 3053, 3012, 611, 760, 3328, 3831, 3838, 3807 5번 = 3053, 3012

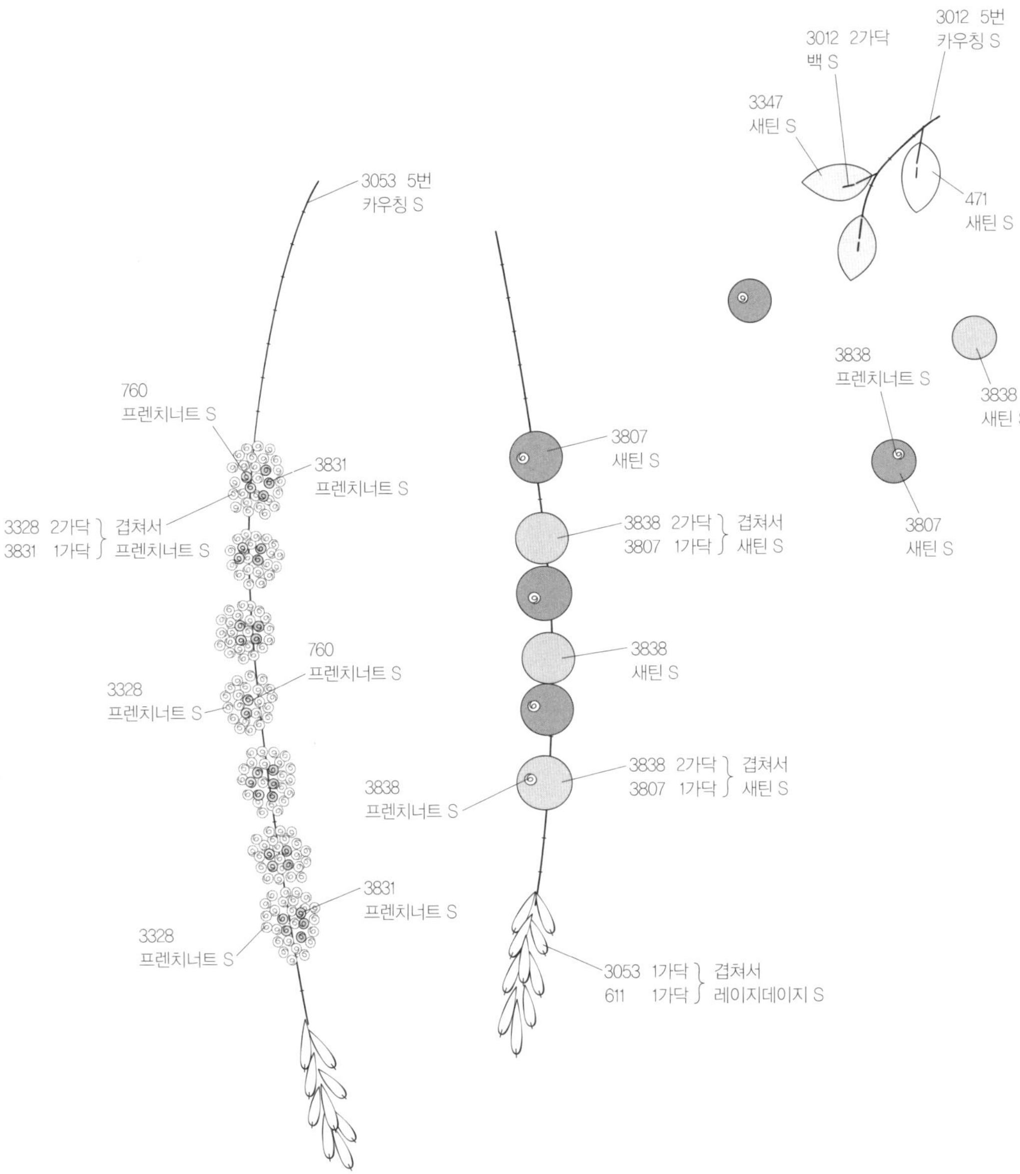

[재료] DMC 자수 실 25번 = 471, 3347, 3053, 3363, 3362, 3012, 611, 822, 3821, 760, 3328, 3831, 3838, 3807, 930 5번 = 3053, 3012, 841

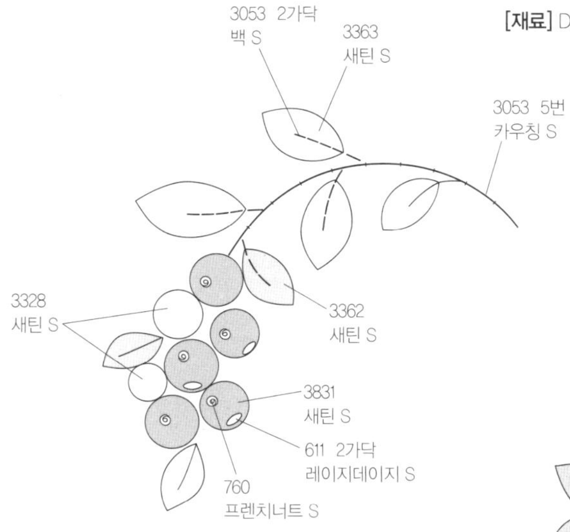

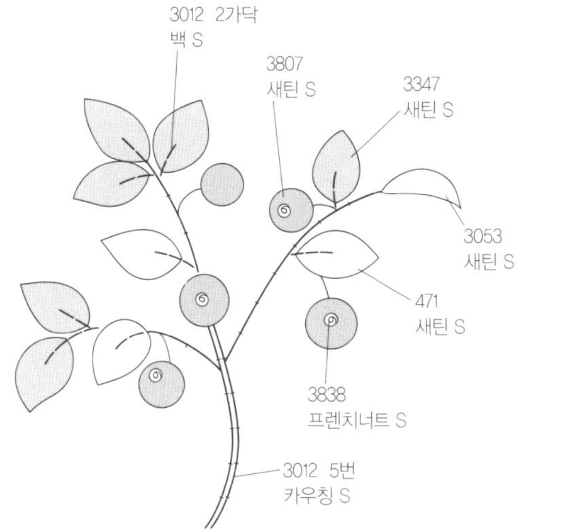

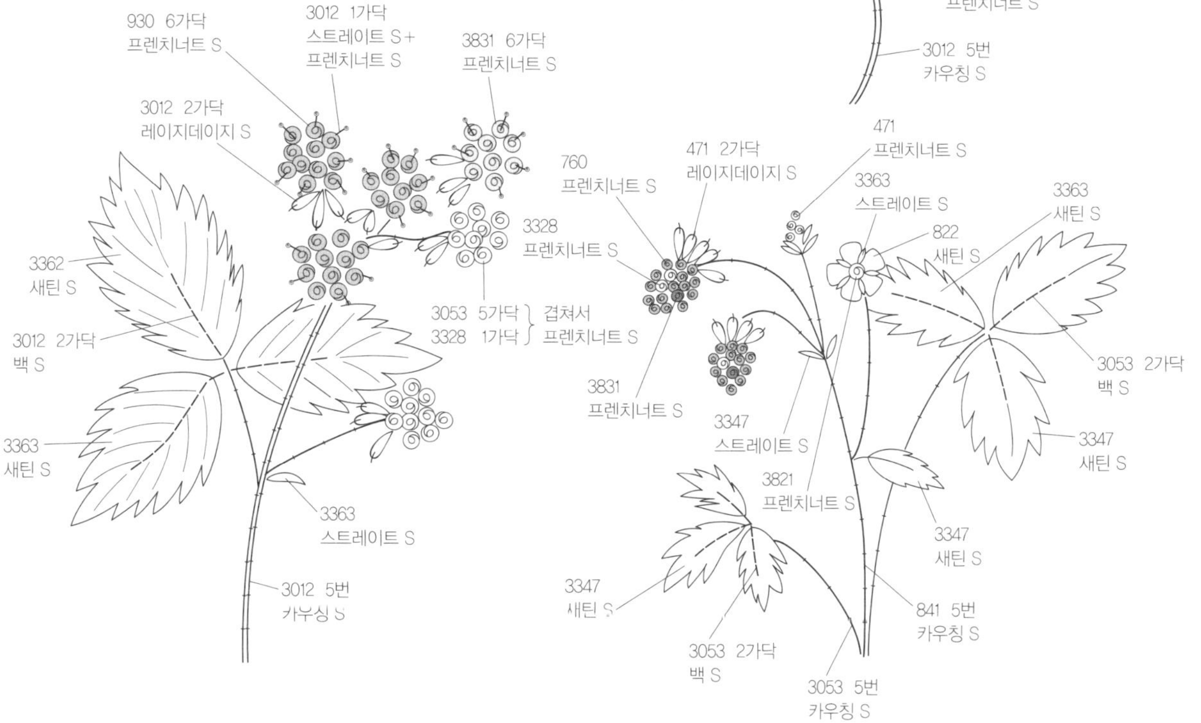

가을 들판 page 28-29

[재료] DMC 자수 실 25번 = 3863, 3862, 839, 420, 3865, 169, 844, 921, 3051 5번 = 840, 839
*새의 눈 수놓는 방법 → p.52

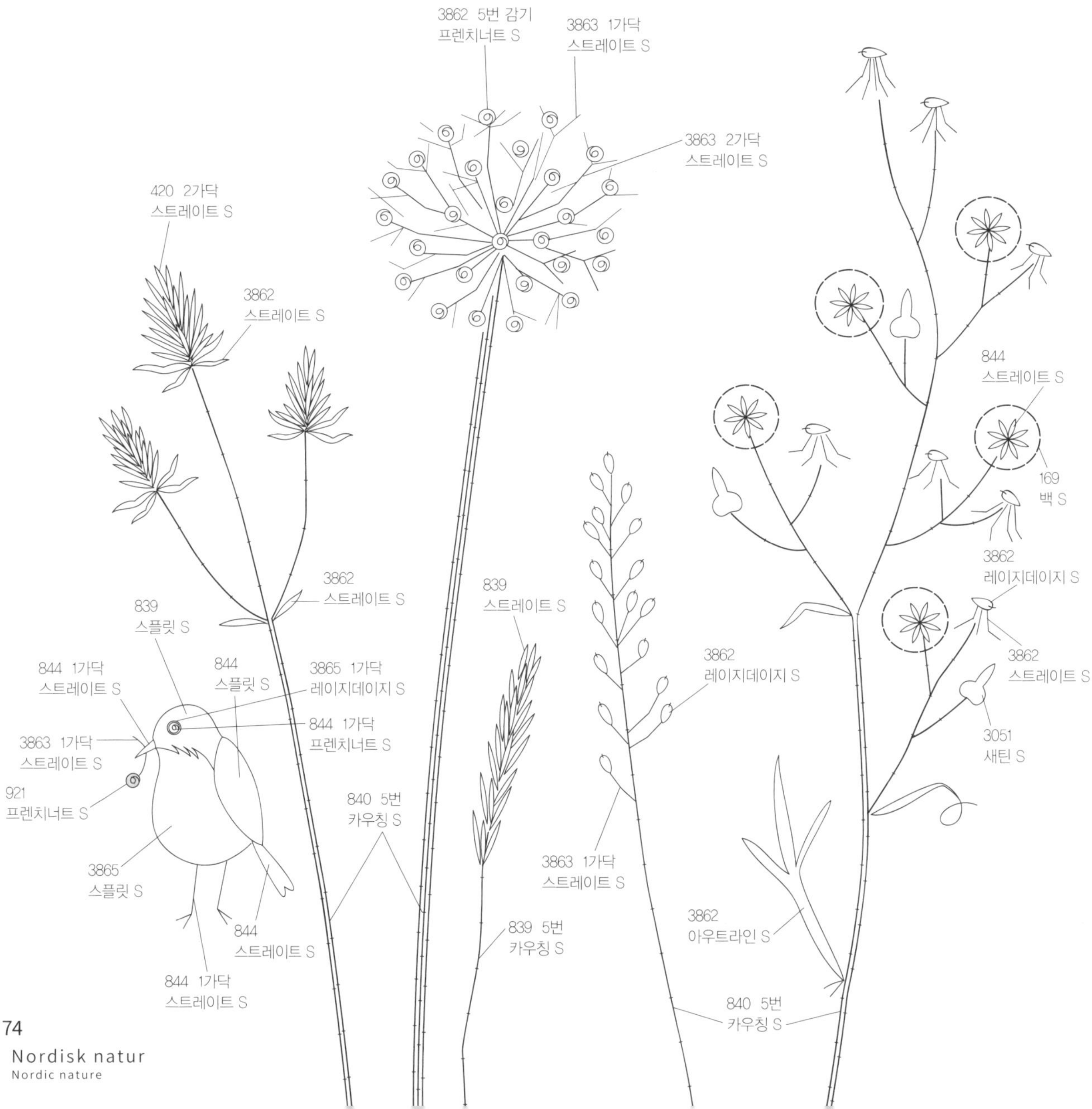

[재료] DMC 자수 실 25번 = 3863, 3862, 839, 420, 3865, 169, 844, 921
5번 = 840, 839
*새의 눈 수놓는 방법 → p.52

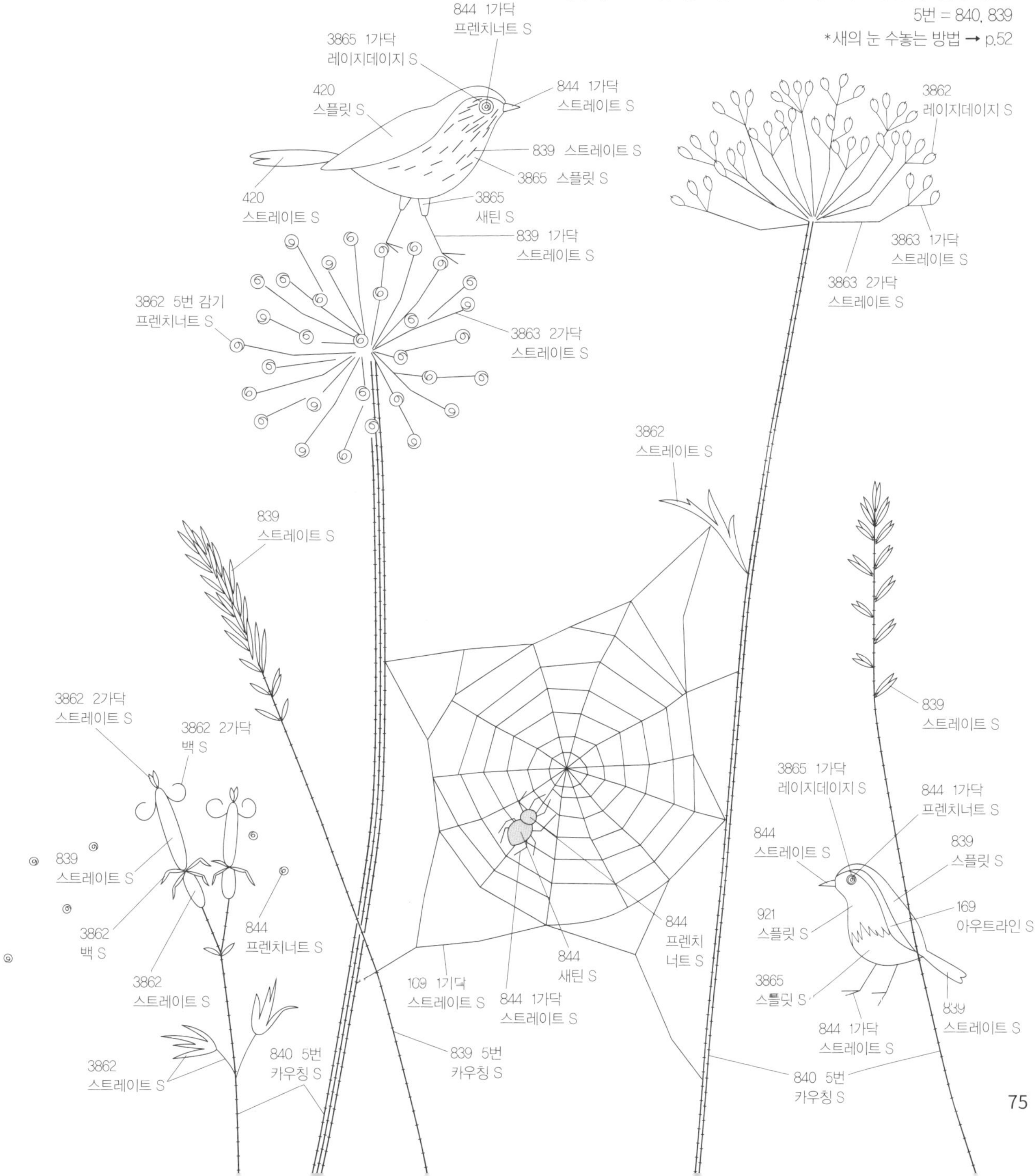

가을 숲 page 30-31

[재료] DMC 자수 실 25번 = 676, 436, 435, 3863, 3772, 08, 921, 350, 3865, 3866 5번 = 436
AFE 리넨 자수 실 = L417

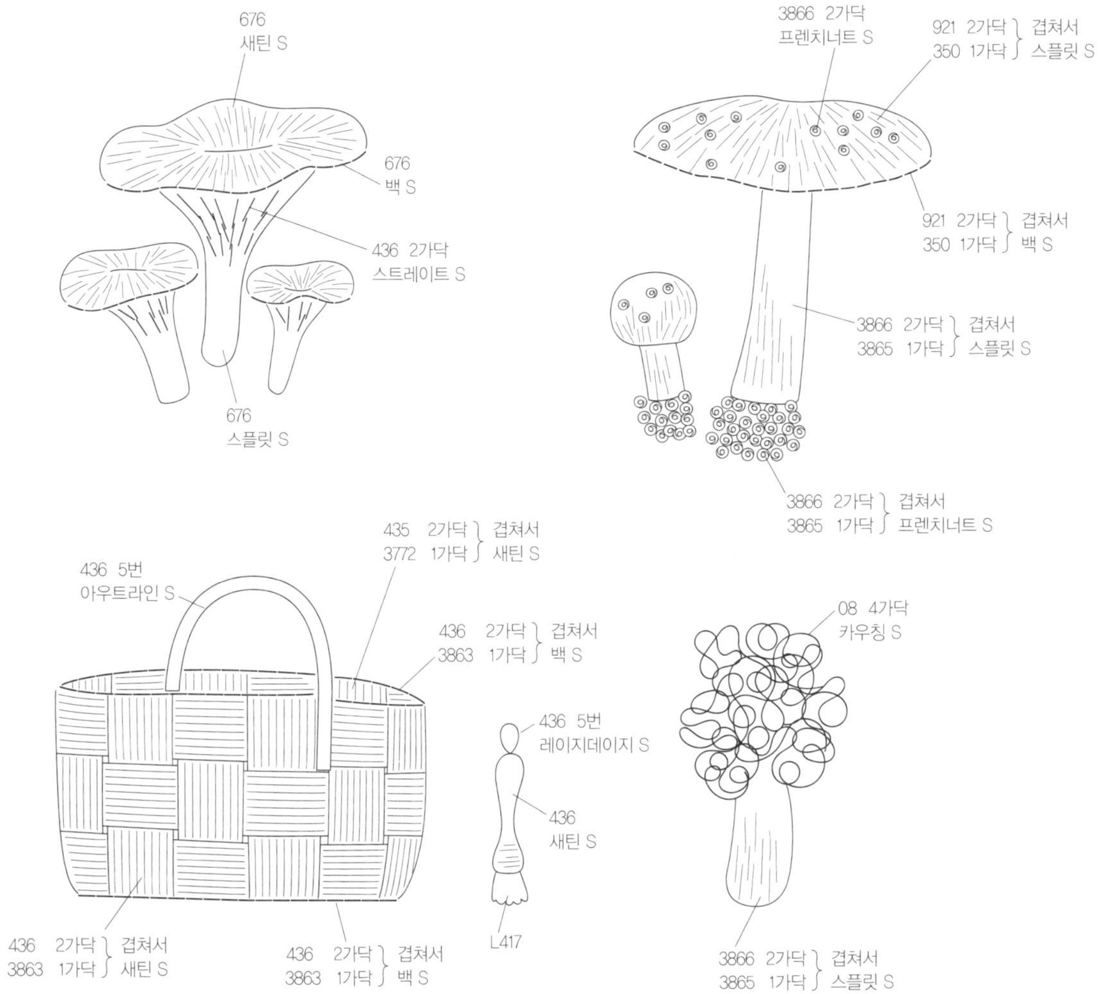

[재료] DMC 자수 실 25번 = 08 AFE 리넨 자수 실 = L912
별도의 천 = 퇼(적갈색, 암갈색)
*L912를 사용해 나무를 카우칭 S로 놓는다. 그 뒤 퇼을 달걀 모양으로 잘라 자수 위쪽에 얹고 투명 실로 고정한다.

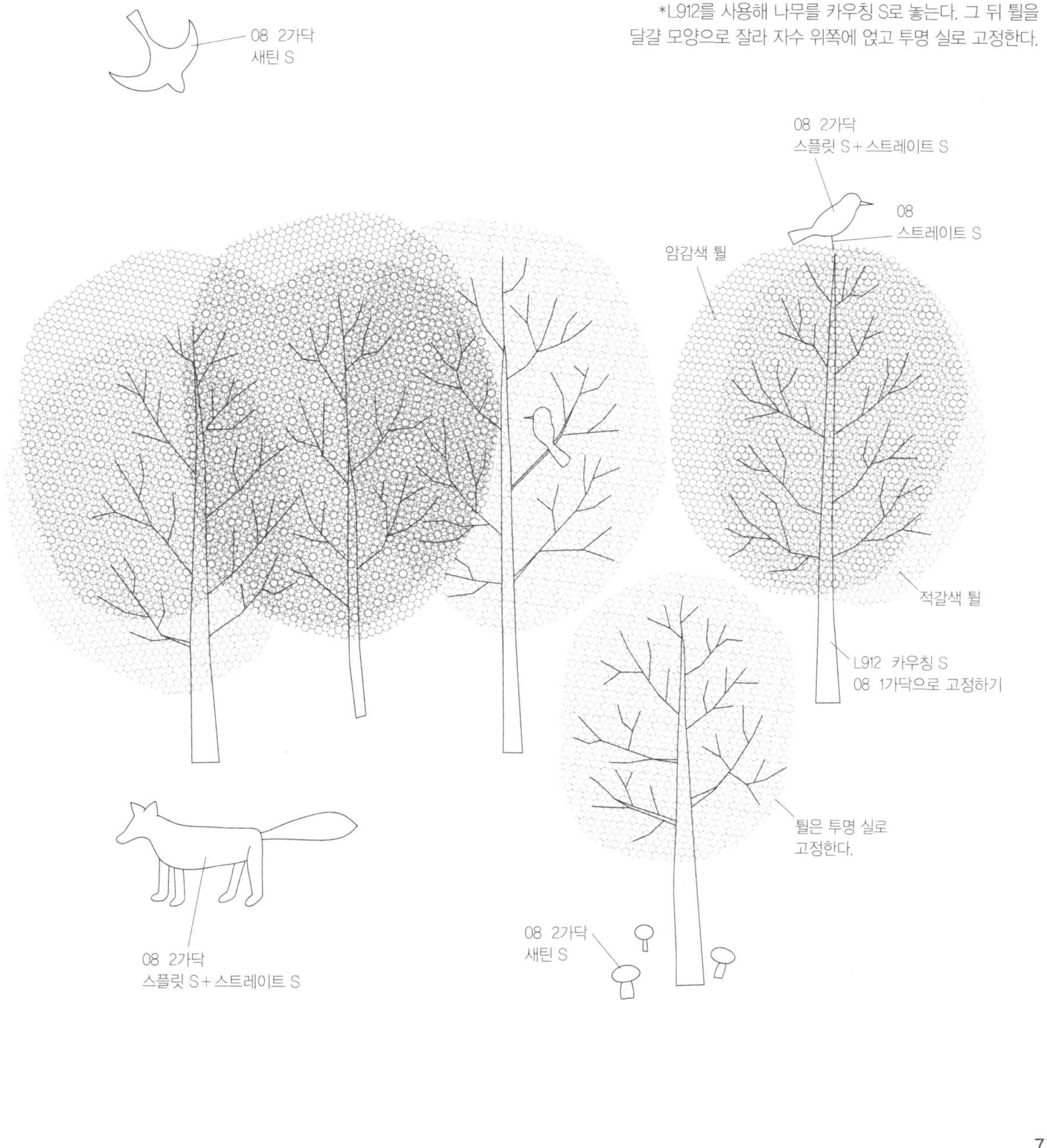

크리스마스 무렵 page 32-33

[재료] DMC 자수 실 25번 = 347　5번 = 612

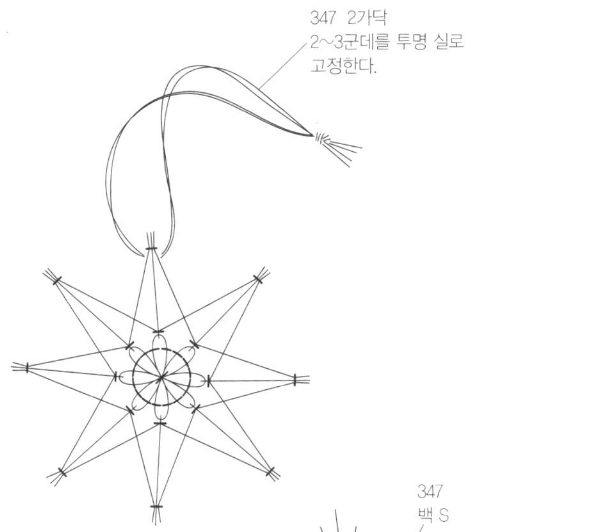

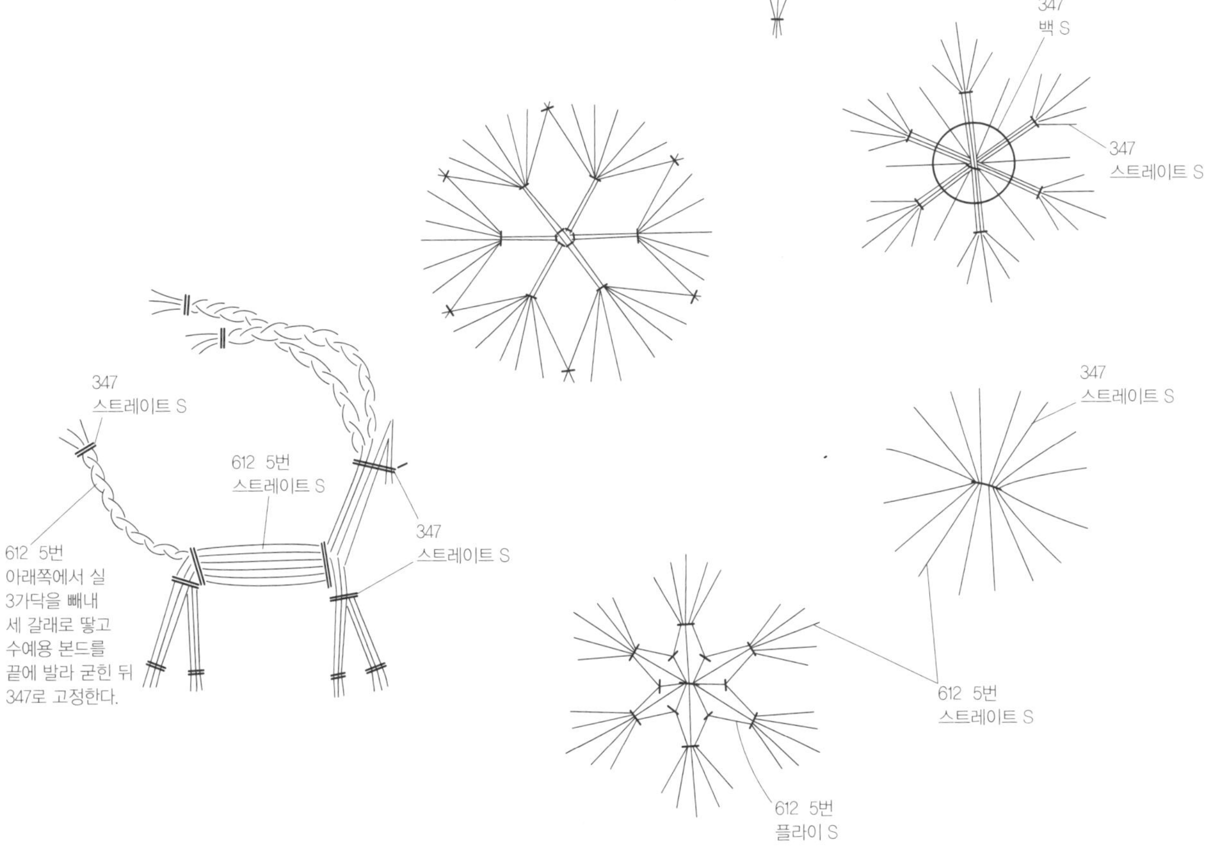

[재료] DMC 자수 실 25번 = 347, 612, 3866, 3799, 3827, 3821, 945, 03 AFE 리넨 자수 실 = L910

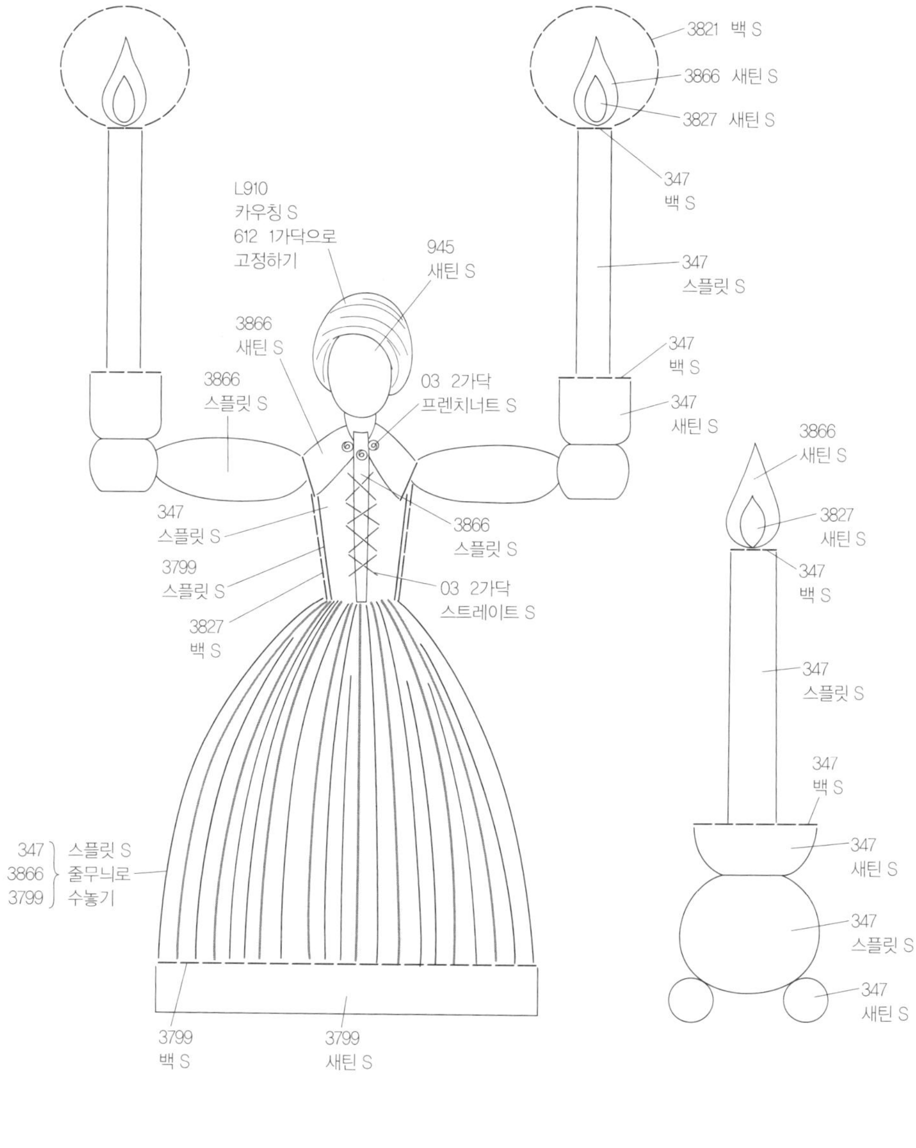

겨울 하늘 page 34-35

[재료] DMC 자수 실 25번 = 169

page 81 →

[재료] DMC 자수 실 25번 = 3866, 520, 08

520
스트레이트 S
3866
프렌치너트 S
08
새틴 S

Fräglära 컬러 레슨 page 38-39

[재료] DMC 자수 실 25번 = 666, 740, 973, 907, 701, 3812, 3765, 792, 208, 917
두꺼운 종이 2×3cm 10장
[모든 색의 공통된 감는 방법] 실 6가닥을 합친 채로 사용한다. 시작과 끝부분을 셀로판테이프로 고정한다.

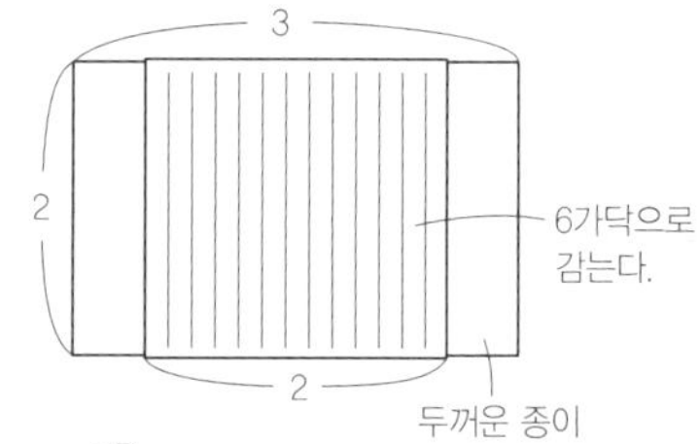

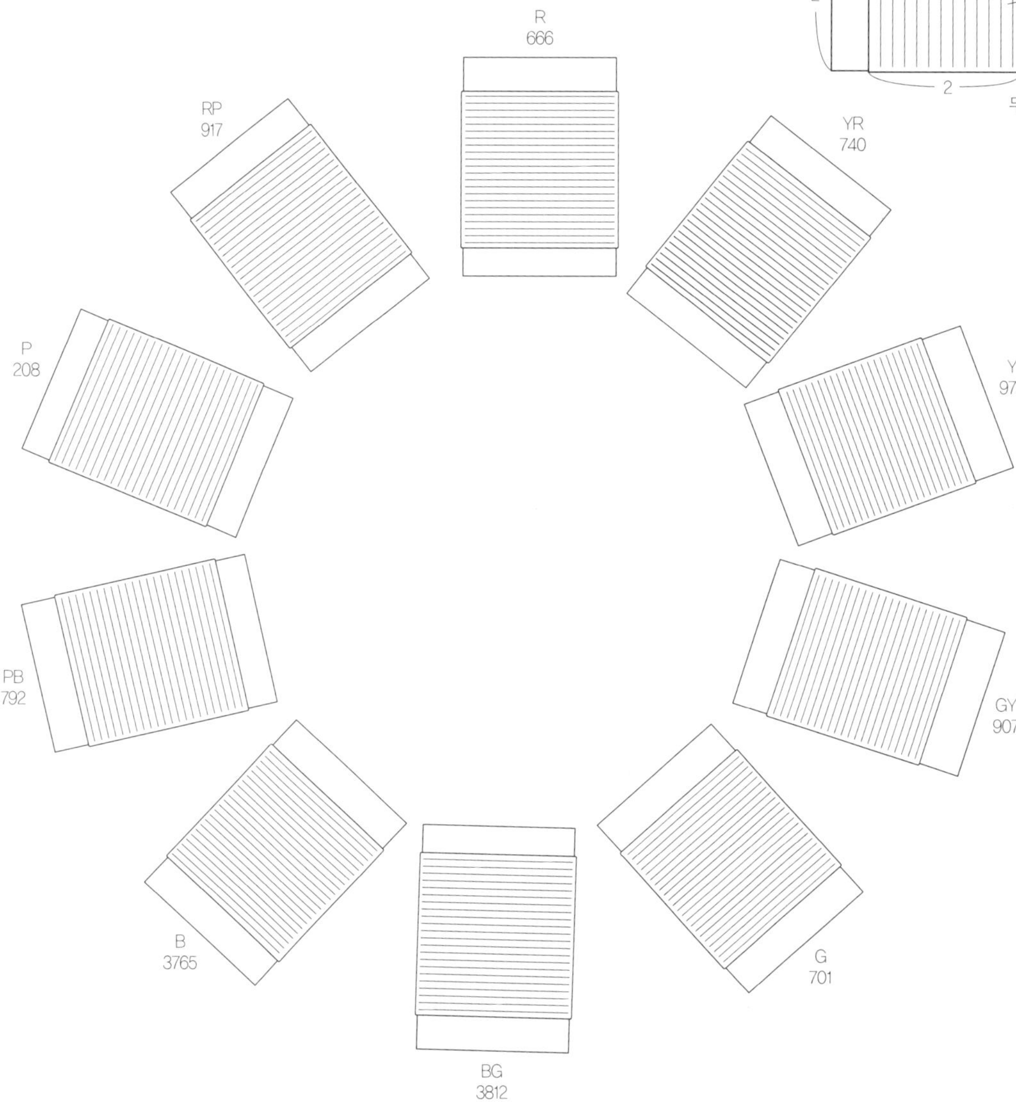

[재료] DMC 자수 실 25번 = 3865, 310, 606, 666, 817, 815, 445, 973, 972, 3820, 943, 906, 700, 895, 518, 798, 797, 823
1㎜ 두께의 스티렌 보드 2×12㎝

[모든 색의 공통된 감는 방법] 실 6가닥을 합친 채로 사용한다. 시작과 끝부분을 셀로판테이프로 고정한다.
도중에 실을 자르지 말고 번갈아 감아서 줄무늬로 만든다.

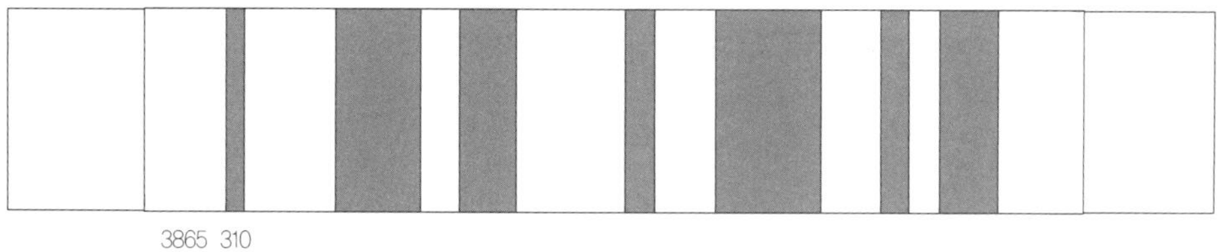

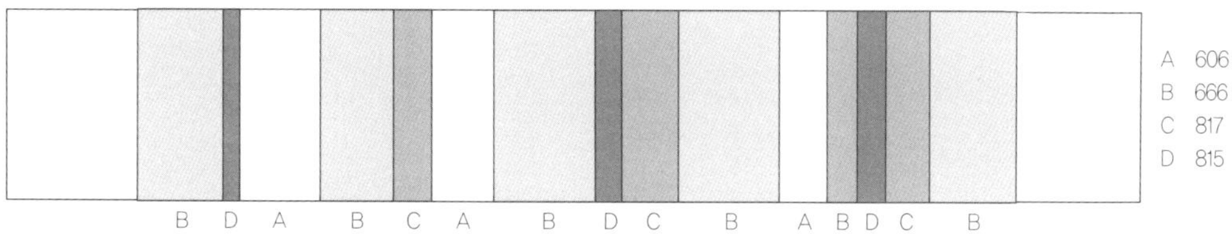

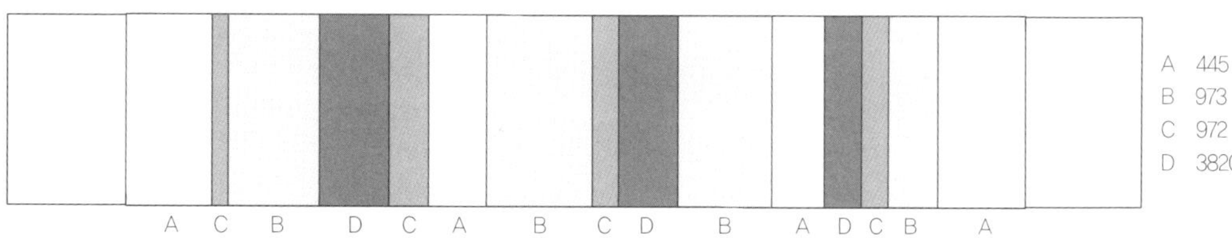

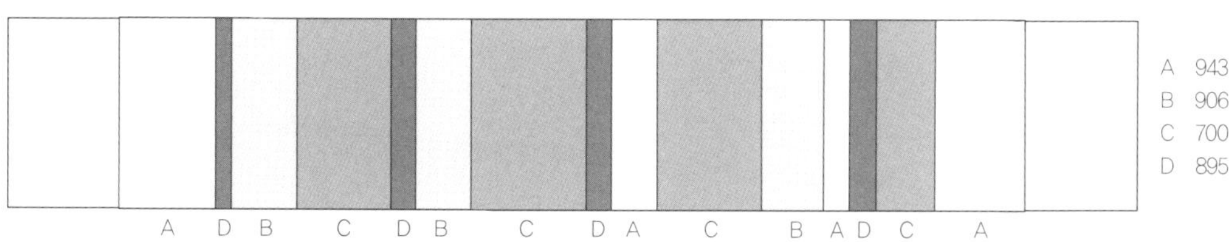

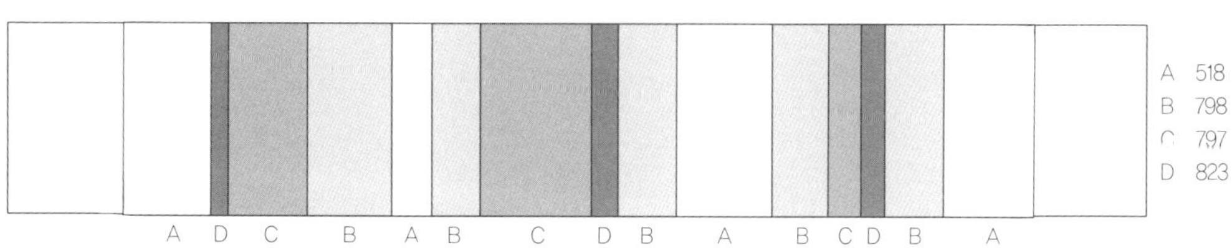

Fräglära röd 빨간색 page 40-41

[재료] DMC 자수 실 25번 = 347, 350, 335, 826, 319, 04, 844, 3866
AFE 리넨 자수 실 = L414
별도의 천 = 리넨(흰색, 빨간색)
*리넨은 양면 접착심으로 토대 천에 붙인 뒤 수놓는다.

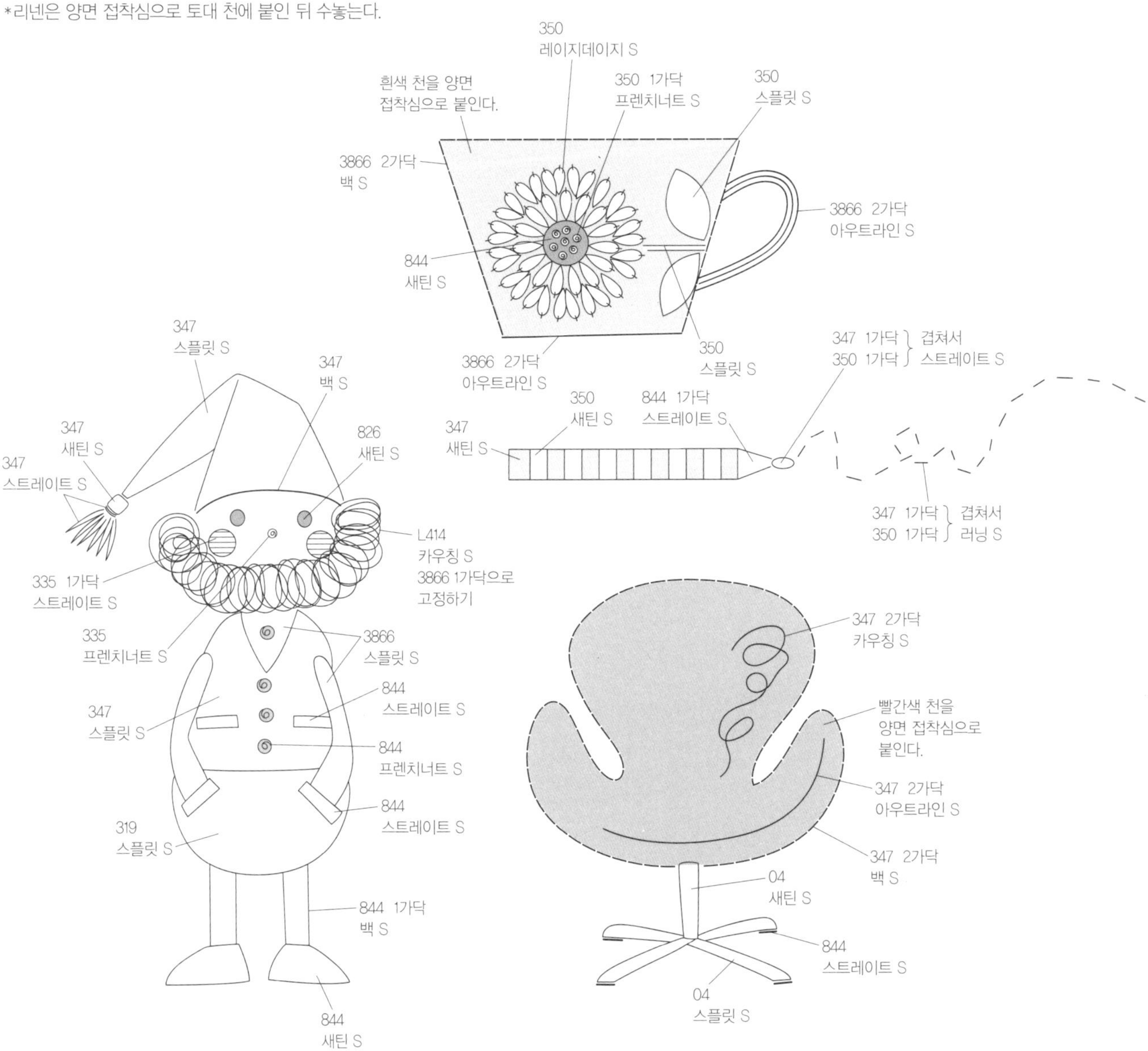

[재료] DMC 자수 실 25번 = 347

Fräglära gul 노란색 page 42-43

[재료] DMC 자수 실 25번 = 727, 726, 3820, 729, 435, 972, 839, 3866, 01, 646, 844, 801, 471 5번 = 471
AFE 리넨 자수 실 = L503
별도의 천 = 리넨(흰색, 암갈색)
*리넨은 양면 접착심으로 토대 천에 붙인 뒤 수놓는다.

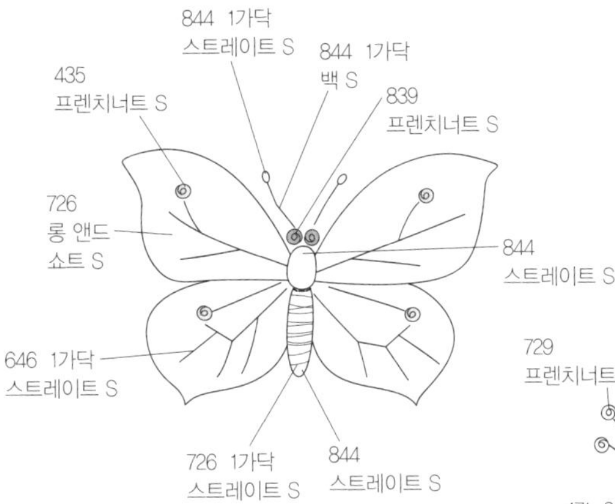

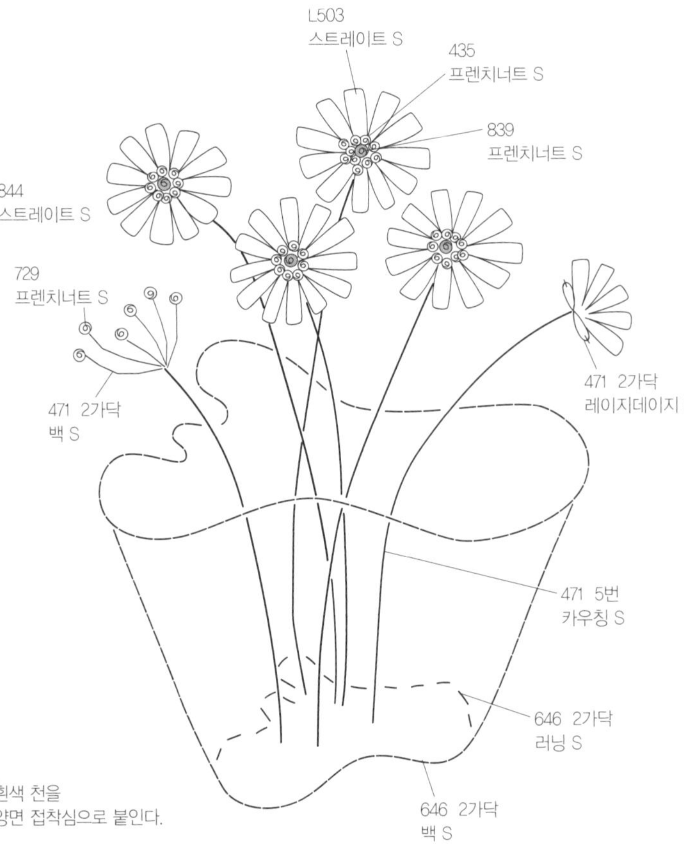

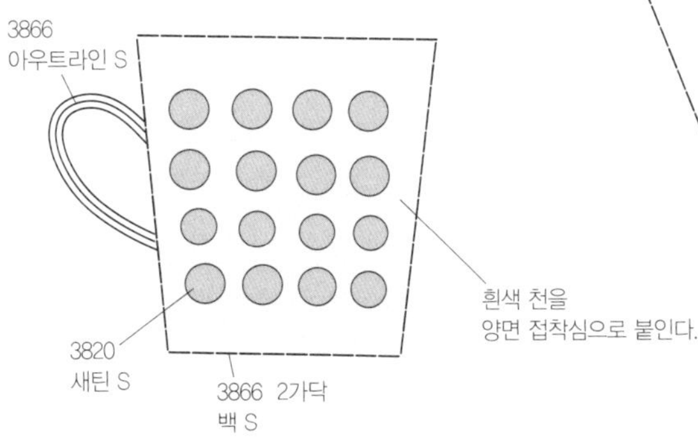

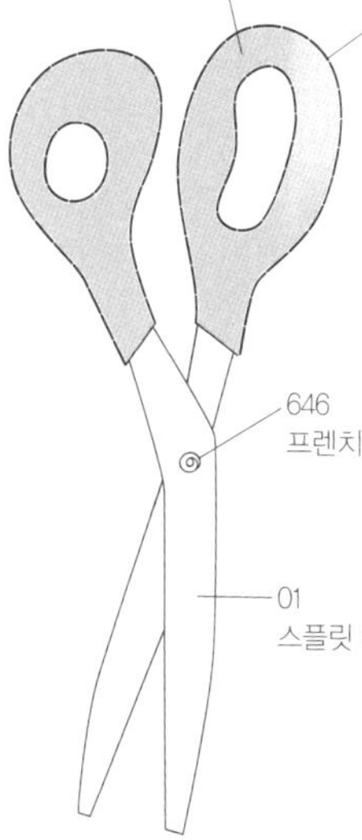
972
새틴 S
972 2가닥
백 S
646
프렌치너트 S
01
스플릿 S

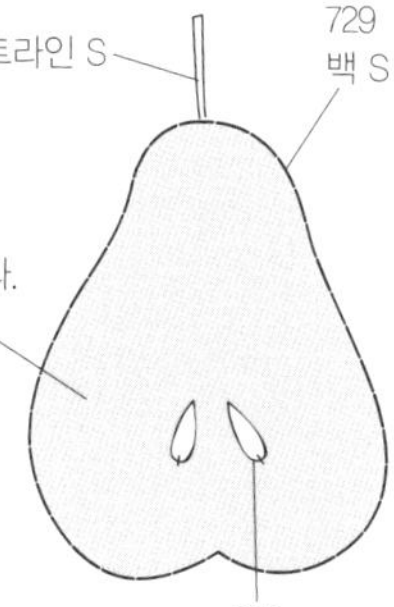
839
아우트라인 S
729
백 S
흰색 천을
양면 접착심으로 붙인다.
839
레이지데이지 S

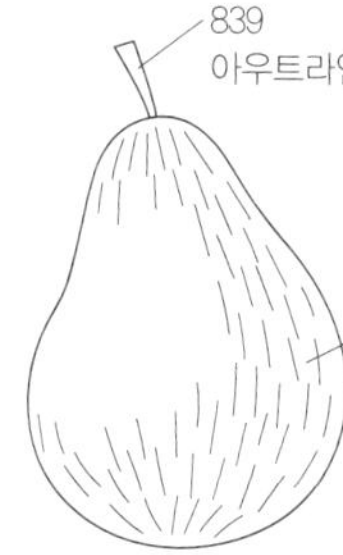
839
아우트라인 S
729
스플릿 S

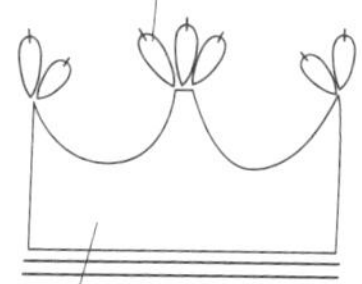
3820
레이지데이지 S
3820
새틴 S
3820
아우트라인 S

839
백 S
839
새틴 S
839
백 S
727
레이지데이지 S
암갈색 천을
양면 접착심으로 붙인다.
3820
새틴 S
801
스트레이트 S
801
레이지데이지 S
727
프렌치너트 S
435
레이지데이지 S
3820
새틴 S
727
새틴 S

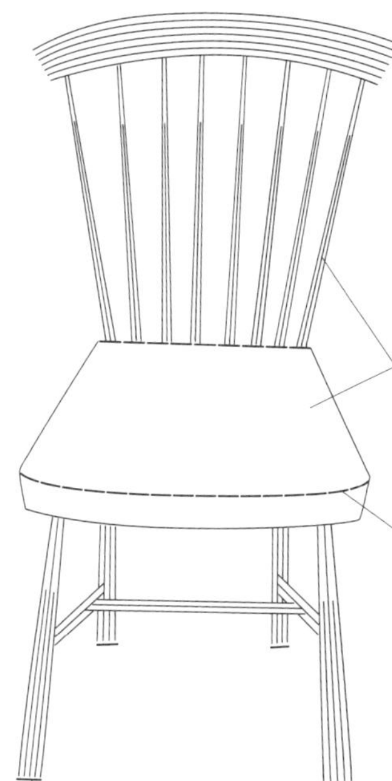
L503
카우칭 S
729
백 S
646
스트레이트 S

Fräglära grön 녹색 page 44-45

[재료] DMC 자수 실 25번 = 943, 906, 702, 700, 895, 470, 3866, 612, 420, 413, 02 AFE 리넨 자수 실 = L407
별도의 천 = 리넨(흰색, 진녹색, 밝은 녹색)
*리넨은 양면 접착심으로 토대 천에 붙인 뒤 수놓는다.

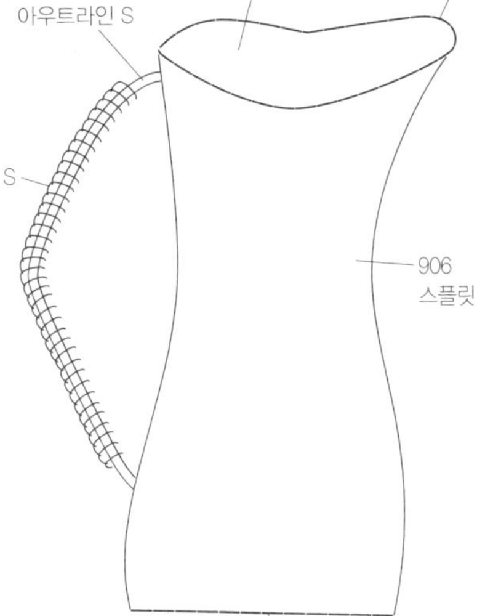

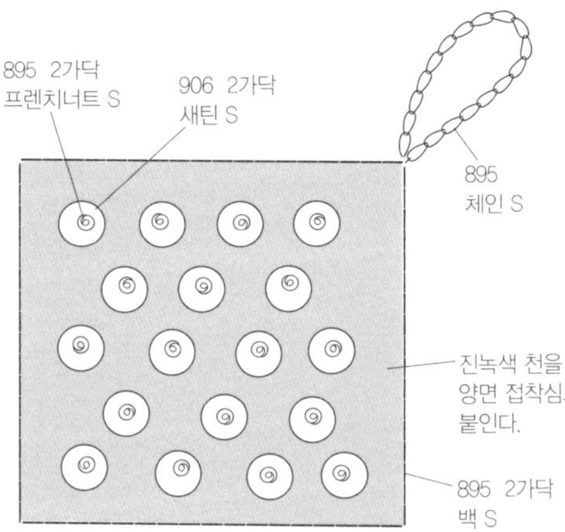

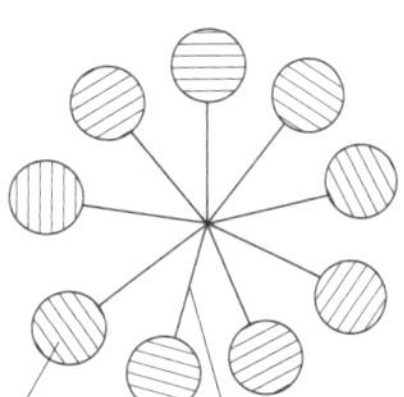

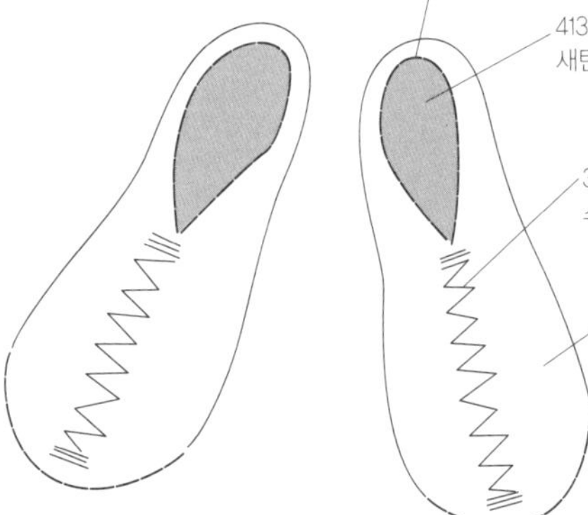

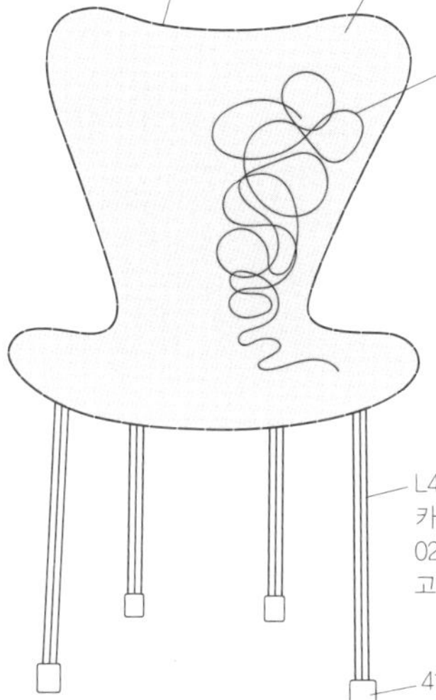
470 2가닥
백 S
밝은 녹색 천을
양면 접착심으로 붙인다.
470 2가닥
카우칭 S
L407
카우칭 S
02 1가닥으로
고정하기
413 2가닥
새틴 S

흰색 천을
양면 접착심으로 붙인다.
3866 2가닥
백 S
3866 2가닥
아우트라인 S
3866
프렌치너트 S
702
레이지데이지 S

420
새틴 S
흰색 천을
양면 접착심으로
붙인다.
3866 2가닥
백 S
700 2가닥
새틴 S
895 1가닥
프렌치너트 S
013 2가닥
새틴 S
895 1가닥
스트레이트 S
906 2가닥
새틴 S

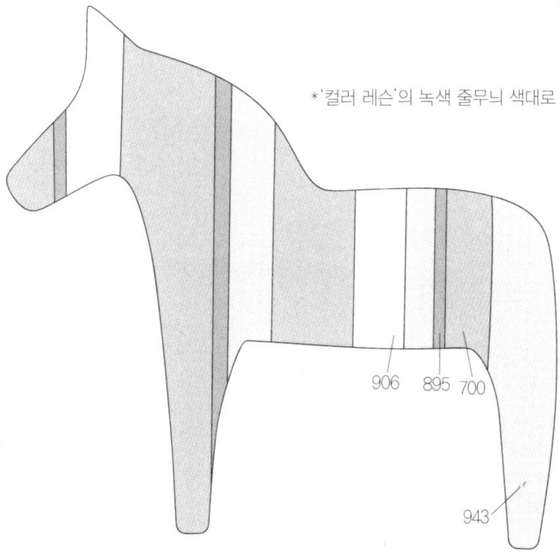
*'컬러 레슨'의 녹색 줄무늬 색대로 수놓는다.
943
906
700
895
스플릿 S
906
895
700
943

Fräglära blå 파란색 page 46-47

[재료] DMC 자수 실 25번 = 3866, 798, 3838, 797, 823, 3364, 646, 413, 02 5번 = 3053
AFE 리넨 자수 실 = L407
별도의 천 = 틸(네이비색), 리넨(흰색, 네이비색)
*리넨은 양면 접착심으로 토대 천에 붙인 뒤 수놓는다.

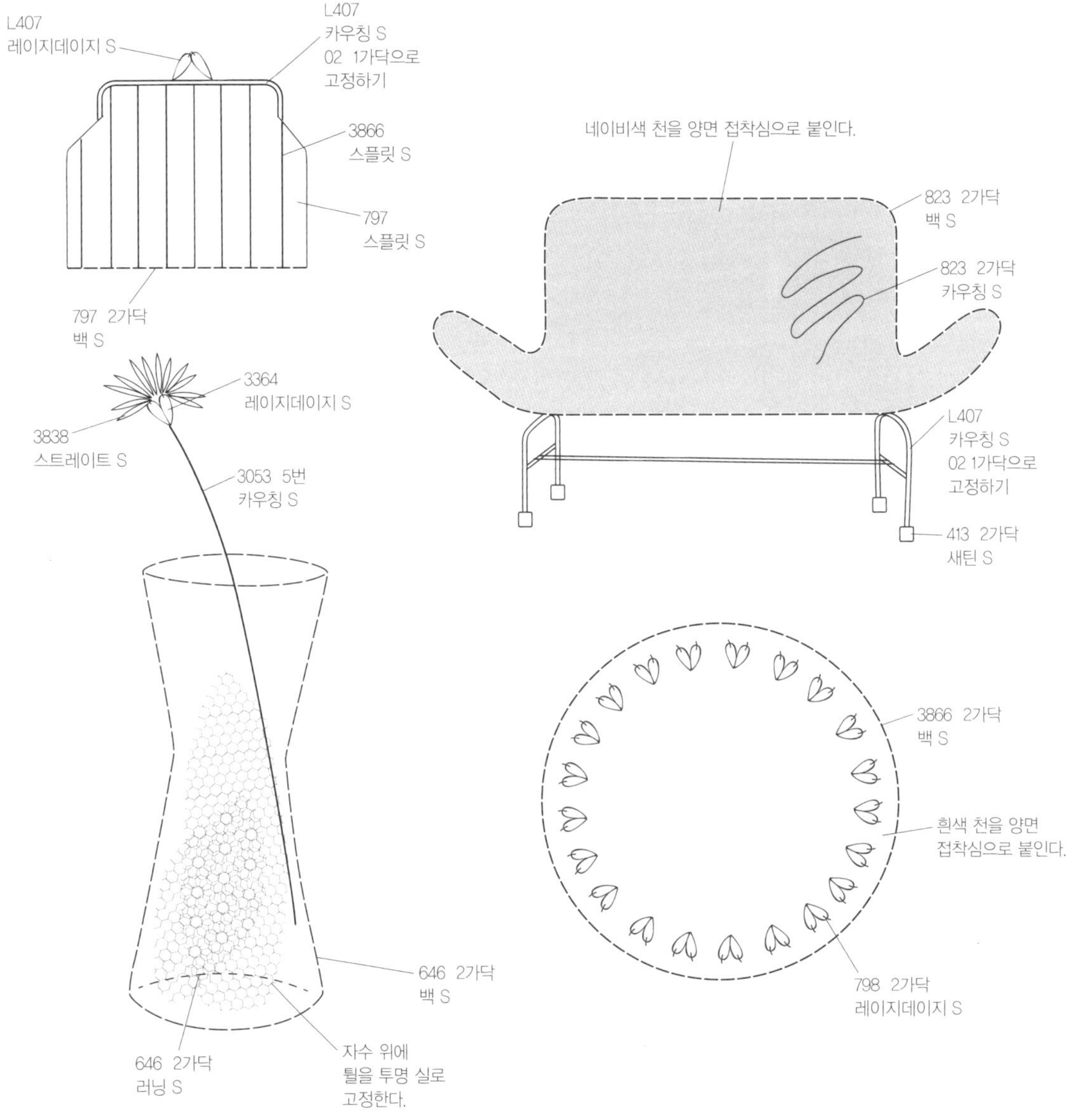

[재료] DMC 자수 실 25번 = 612, 823, 3012, 3831, 3866, 3033　AFE 리넨 자수 실 = L417
*직사각형으로 구멍을 낸 베이지색 천을 양면 접착심으로 파란색 천에 붙인 뒤 수놓는다.

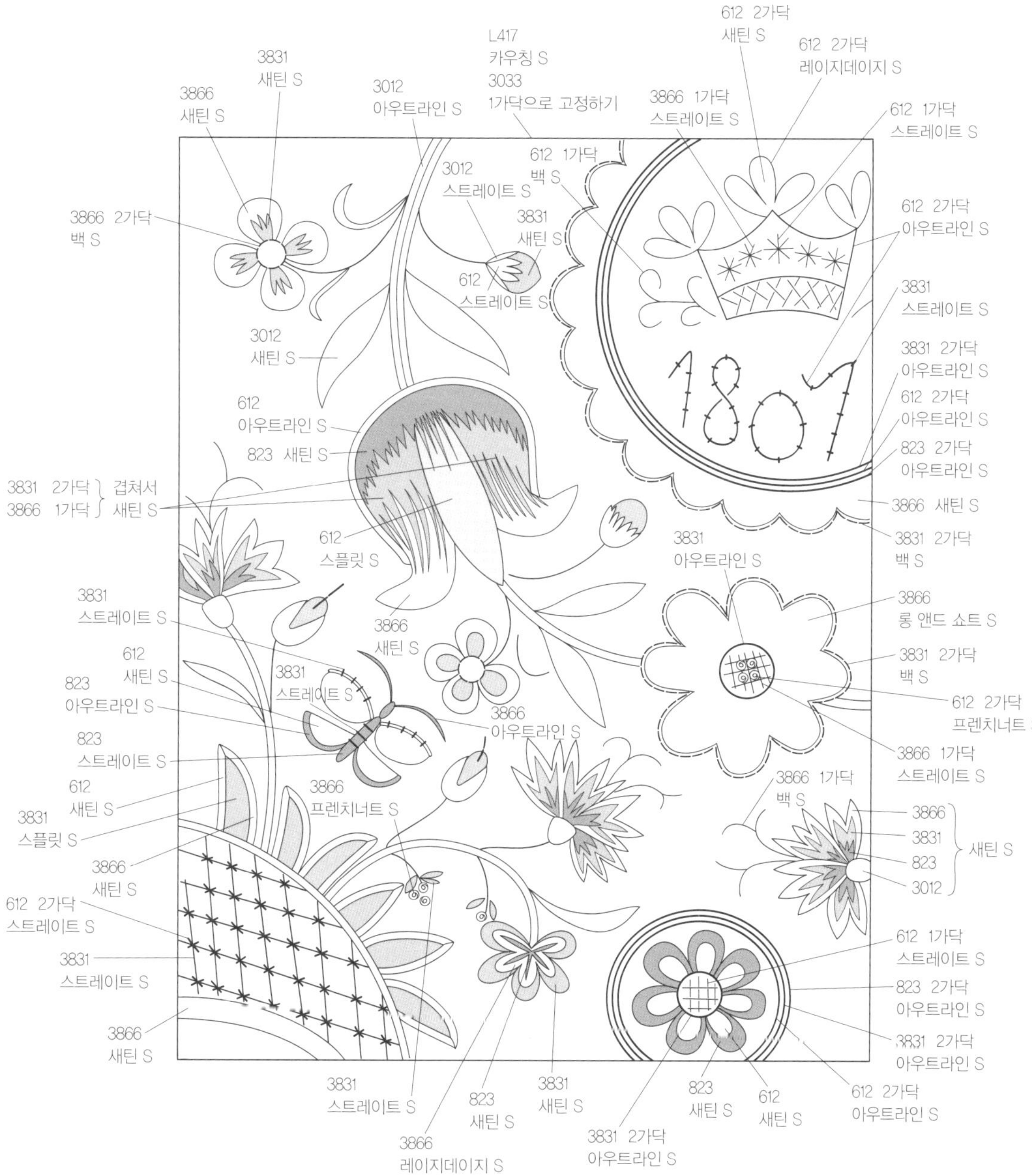

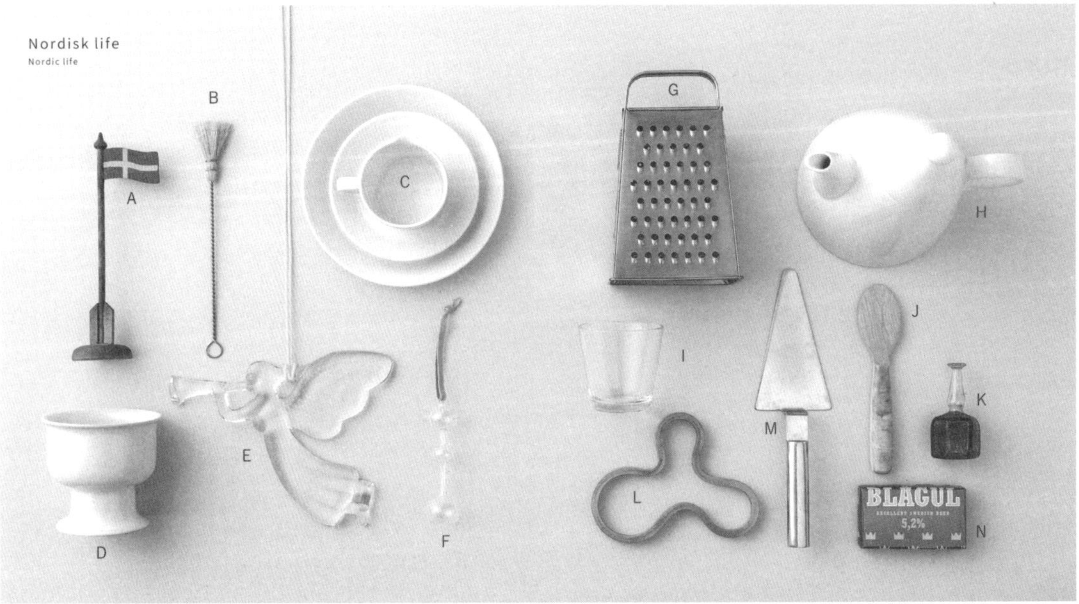

>see
p.4-5

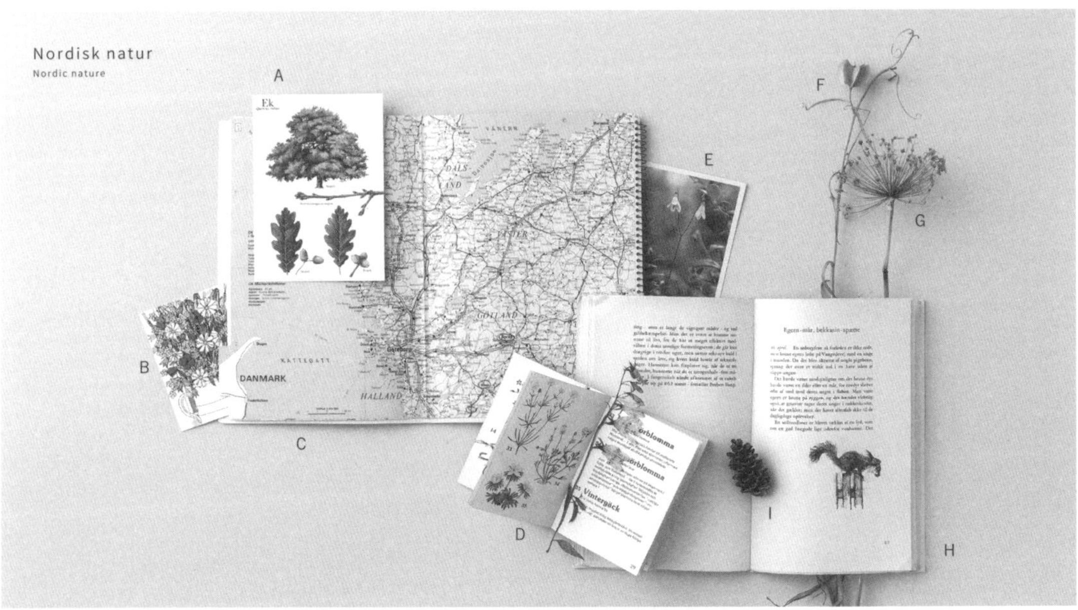

>see
p.14-15

>see
p.36-37

Skandinavisk design
Scandinavian design

p.4-5

A 스웨덴 보로스의 텍스타일 학교에서 우리 반 담임이었던 레나에게 받은 선물.
B 인테리어 브랜드 헤이(HAY)의 작은 말털 솔은 손이 잘 닿지 않는 곳을 닦는 데 편리합니다. → p.8
C 매일 사용하는 식기 브랜드 아라비아(Arabia)의 떼에마 시리즈. → p.12
D 1970년대에 인기였던 식기 브랜드 보다 노바(Boda Nova)의 콤포트. → p.12
E 보다 노바의 유리 오너먼트. → p.11
F '아테네의 아침'이라는 이름이 붙은 오브제. 디자이너 카이 프랑크가 교회의 종소리에서 영감을 얻어 만들었다고 합니다.
G 슬라이서는 세로 4면을 용도에 따라 골라 쓸 수 있습니다. 보로스의 경매에서 손에 넣어 지금도 잘 사용하고 있습니다. → p.8
H 아라비아의 할레킨(어릿광대) 시리즈의 포트. → p.13
I 오랫동안 사랑받고 있는 라이프 스타일 브랜드 이딸라(iittala)의 가르티오 시리즈 유리컵은 매일 쓰고 있습니다.
J 자작나무의 결을 살린 스웨덴의 버터나이프.
K 코스타 보다(Kosta Boda)의 작은 화기. 베르틸 발리엔이 디자인했습니다.
L 핀란드 자작나무로 제작되었습니다. → p.8
M 보다 노바의 케이크 서버. → p.8
N 스웨덴의 알루미늄 맥주 캔으로 만든 소품 케이스.

p.14-15

A 떡갈나무 그림엽서.
B 스웨덴의 여름 꽃이 그려진 그림엽서. → p.22
C 가족 여행 때 사용한 도로 지도. 중앙의 동그라미 표시는 제가 살았던 '보로스'입니다.
D 반 친구였던 아이슬란드 사람 솔룬에게 받은 선물. 스웨덴에서는 미나리아재비를 '버터색 꽃(Smörblomma)'이라고 부릅니다. → p.22
E 언젠가는 꼭 피어 있는 모습을 보고 싶은 린네풀. → p.18
F 사두패모에 씨가 생겼습니다.
G 우리 집 정원의 알리움. → p.28–29
H 덴마크 책 《동물과 나날》은 유틀란트반도 북부에 있는 덴마크 올보르의 고서점에서 구입했습니다. 1958년에 출간된 책입니다.
I 스몰란드의 숲을 산책하다가 발견했습니다.

p.36-37

A 짚공예 크리스마스 오너먼트. → p.32
B 스웨덴의 요정 톰테는 반 친구였던 페터에게 받은 선물입니다. → p.40
C 가구용으로 짠 원단 샘플.
D 델스보 자수 책. → p.41
E 스웨덴 달라나 지방의 민속 의상을 입은 인형 촛대. → p.33
F 녹색 소재를 모은 컬러 레슨 페이지.
G 반 친구가 짠 전통 직물 샘플.
H 코스타 보다의 새 오너먼트. → p.10
I 반 친구가 짠 침대 커버 샘플.
J 스웨덴 리넨 실. 자수에도 가끔 사용합니다.
K 파란색 소재를 모은 컬러 레슨 페이지.
L 모양이 재미있어서 덴마크에서 구입했습니다.
M 자작나무 껍질로 엮은 바구니는 실을 보관하기에 좋습니다.
N 달라나 지방의 말 인형.

일 년간의 방직 수업을 마치면, 학생 전원이 도안과 직물 샘플을 교환합니다. 마치 요리 레시피를 주고받는 것 같지요.

마치며

제가 스웨덴의 작은 도시 보로스에 있는 텍스타일 학교에 다닌 것은 1979~80년이었습니다. 스웨덴에서는 그때 이미 원자력 발전 도입에 대한 국민 투표가 실시되었고, 성소수자를 위한 법이 있었으며, 학교를 졸업한 반 친구에게 아이가 태어났을 때는 파트너가 육아 휴직을 했습니다. 그 모습을 보며 살기 좋은 사회가 실현되어야 디자인을 창조하는 유연한 사고를 이어갈 수 있다는 걸 느꼈습니다. 그래서 요즘 저는 어떠냐면요, 북유럽 물건에 둘러싸여 살면서 매일 피카만은 잊지 않고 지키고 있답니다.

아오키 카즈코 지음

자수 디자이너. 일본 무사시노미술대학 조형학부 공예공업디자인과를 졸업해 색채 회사에 근무한 뒤 스웨덴에서 유학했습니다. 원예와 직접 키운 꽃, 일상, 여행에서 얻은 영감을 토대로 자연과 닮은 자수를 제작하고 있습니다. 자신의 작은 정원을 사랑하고, 천을 캔버스 삼아 실과 천을 자유자재로 다루며 그림을 그리듯이 수놓은 작품은 많은 사람의 마음을 사로잡습니다. 다수의 저서가 해외 8개국에서 번역 출간되었습니다. 저서로는 〈행복한 자수 여행〉 시리즈와 《봄 · 여름 · 가을 · 겨울 자연 산책 자수》, 《봄 · 여름 · 가을 · 겨울 꽃자수 187》, 《정원 꽃 자수》, 《정원 채소 자수》, 《아오키 카즈코의 스티치 라이프》 등이 있습니다.

배혜영 옮김

성신여자대학교 일어일문학과를 졸업했습니다. 출판사 편집자로 일하고 일본 어학연수 후 '바른번역 아카데미'의 일본어 번역가 과정을 수료했습니다. 지금은 출판번역 회사 '바른번역'의 회원으로 활동하고 있습니다. 옮긴 책으로는 〈행복한 자수 여행〉 시리즈와 《봄 · 여름 · 가을 · 겨울 자연 산책 자수》, 《봄 · 여름 · 가을 · 겨울 꽃자수 187》, 《아오키 카즈코의 스티치 라이프》, 《봄 · 여름 · 가을 · 겨울 자수 다이어리》 등이 있습니다.

북유럽 자수 노트

인쇄 – 2020년 11월 3일
발행 – 2020년 11월 10일
지은이 – 아오키 카즈코
옮긴이 – 배혜영
발행인 – 허진
발행처 – 진선출판사(주)
편집 – 김경미, 이미선, 권지은, 최윤선
디자인 – 고은정, 구연화
총무 · 마케팅 – 유재수, 나미영, 김수연, 허인화
주소 – 서울시 종로구 삼일대로 457 (경운동 88번지) 수운회관 15층
전화 (02)720-5990 팩스 (02)739-2129
홈페이지 www.jinsun.co.kr
등록 – 1975년 9월 3일 10-92

*책값은 뒤표지에 있습니다.

ISBN 979-11-90779-18-0 13630

일본어판 스태프
발행인 하마다 가쓰히로
북디자인 아마노 미호코
촬영 야스다 조스이(문화출판국)
도면 day studio 다이라쿠 사토미
교열 무카이 마사코
편집 오사와 요코(문화출판국)
이미지 사진 Pixabay
Marie Sjödin(page1)
sork(page48)
https://pixabay.com/ja/

참고 문헌

《lilla vårfloran》, Almqvist & Wiksell AB
《UT I NATUREN》, Pedagogisk information AB
《Feltfloraen》, Gyldendal
Oak Publishing, 《The Red Thread》, Phaidon
와타베 지하루, 《북유럽 디자인 1 가구와 건축》, 《북유럽 디자인 2 상품》, 프티그랜드퍼블리싱
《북유럽 컵 & 소서》, 유슛판
구루베 노리코, 《스웨덴 사계절 달력》, 도쿄쇼세키

자수 실 협찬
디엠씨(DMC)
http://www.dmc.com

리넨 자수 실 협찬
아트 파이버 엔도(AFE)
http://www.artfiberendo.co.jp/

Special thanks
코테 앤 코(Kotte & Co.)
구스타브스베리 성식 수입내리심
https://www.kostaboda.co.jp/

아오키 카즈코의 감성 자수 컬렉션

봄·여름·가을·겨울 꽃자수 187

사계절 정원을 가꾸며 디자인한 꽃 자수 모티프 187점을 11가지 스티치 방법과 7가지 어드바이스와 함께 소개합니다.

행복한 자수 여행

영국의 들판과 허브 정원에서 만난 아름다운 들꽃을 행복하게 수놓아 책 속에 가득 담았습니다.

행복한 자수 여행 2

소설 빨강 머리 앤의 배경인 캐나다 프린스 에드워드 섬을 여행한 경험담과 소설 속 이야기를 정감 어린 자수로 표현했습니다.

행복한 자수 여행 3

전 세계인이 사랑한 피터 래빗의 고향 영국의 코츠월즈를 방문하여 그 느낌을 한 폭의 수채화 같은 자수로 풀어냈습니다.

귀여운 자수 레시피 A to Z

일상 속에서 쉽게 접하는 작고 귀여운 소품 이미지를 A부터 Z의 알파벳 순서에 따라 자수로 소개합니다.

귀여운 자수 레시피 SEASONS

각 계절을 대표하고, 한 해의 특별한 순간에 어울리는 다양한 소재를 자수로 만나 봅니다.

정원 꽃 자수

사계절 내내 정원을 가꾸며 관찰한 꽃을 자수 모티프로 소개하고 꽃 자수에 필요한 다양한 기법을 상세하게 정리했습니다.

정원 채소 자수

키친 가든을 가꾸며 수확한 풍성하고 신선한 채소 72종을 자수 모티프로 간결하고 아름답게 수놓았습니다.

봄·여름·가을·겨울 자수 다이어리

자수 디자이너이자 원예가인 저자가 자신의 정원에 피는 계절 꽃과 정원 일을 자수로 그려 낸 사계절의 정원 일기입니다.

아오키 카즈코의 스티치 라이프

정원과 아틀리에를 오가며 꽃과 소품들, 추억까지 감성을 담아 자수 작품으로 엮는 저자의 스티치 라이프를 안내합니다.

봄·여름·가을·겨울 자연 산책 자수

소박하지만 정겨운 들꽃과 들풀, 들새 등 사계절의 아름다움을 단정하게 수놓았습니다. 자연 속에서 만난 사계절 들꽃 자수를 소개합니다.

계절의 아름다운 꽃 자수

일 년에 걸쳐 꽃집 젠테에서 보내온 사계절 꽃을 아름답게 수놓았습니다. 그동안 보지 못했던 새로운 꽃도 수놓아 신선한 매력을 더했습니다.